ADOLF HITLER
NO SE SUICIDÒ

Crónica de su fuga con la ayuda del
Servicio de Inteligencia Británico

Robin de Ruiter

Título original:
Adolf Hitler beging keinen Selbstmord:
Chronik seiner Flucht aus Berlin mit Hilfe
des Britischen Geheimdienstes

Editorial : Mayra Publications
D. R. © 2015, ROBIN DE RUITER
Copyright : ©1990 - 2015 Robin de Ruiter
Dépôt légal en Mexico
Primera edición en español: 2015

Impreso y hecho en Estados Unidos
Printed and made in the United States
ISBN- 978-90-79680-46-7

Traducción: Karina Aguirre
Corrector: Alberto Hernández Ruiz y Mayra Abarca

A la memoria de mi amigo fallecido,
Francisco Suéscum Ottati,
embajador de Ecuador

ÍNDICE

APÉNDICE

Advertencia

Este libro fue escrito con un espíritu de imparcialidad y objetividad histórica. Por consiguiente, ni el autor ni la casa editora podrían ser considerados responsables por las interpretaciones erróneas que el lector pudiera extraer.

Agradecimientos

El proyecto de este libro no hubiera podido llevarse a cabo sin la contribución de Eberhard Krehl y de mi padre Cebastiaan de Ruiter, quienes me procuraron información esencial relativa a la vida en los campos de concentración durante y después de la segunda guerra mundial. Ambos sobrevivieron a esta forma de detención.

Introducción

Adolfo Hitler es uno de los personajes históricos que más tinta ha derramado en los libreros. Su vida y sus posturas políticas constituyen una fuente inagotable de numerosas obras, tanto literarias historiográficas y cinematográficas. No obstante estos documentos retoman los mismos archivos y las mismas versiones oficiales: no ofrecen ninguna novedad.

El autor de este libro presenta hechos basados en informes de guerra inéditos, provenientes principalmente de los archivos de la Office of Strategic Services (OSS, Oficina de Servicios Estratégicos estadounidense, remplazada más tarde por la CIA), así como también de la Stasi y de la KGB.

¡Hitler no se suicidó! El lector encontrará aquí una restauración de la historia tan detallada y fidedigna de la manera en que Hitler logró salir de su búnker y escapar de Berlín el 30 de abril de 1945.

Documentos provenientes de diferentes servicios secretos, informes de guerra confidenciales y testimonios recogidos por el autor en Alemania y en España de dos colaboradores muy cercanos a Hitler, que vivieron los últimos días del Tercer Reich junto al Führer en el búnker, muestran claramente cómo Hitler pudo escapar gracias a la ayuda de los servicios secretos británicos.

Además de la reconstrucción de los acontecimientos alrededor de la muerte de Hitler, el autor entrega pruebas de su verdadero origen. Presenta también los resultados de una minuciosa investigación sobre los financiadores extranjeros de Hitler.

7

Las familias Rothschild, Rockefeller, Warburg y Bush mostraron fueron bastante generosas con el Reich.

Tomando como base fuentes de información inéditas, el autor revela por primera vez cómo Hitler se preparó para su papel de futuro dictador. De febrero a noviembre de 1912, este último fue capacitado en la Military Psy-Ops War School (escuela militar de operaciones psicológicas de guerra), en Inglaterra (condado de Devon) y en Irlanda, ambas controladas por los Rothschild.

Varios científicos de renombre trabajaron durante años con el autor, explorando miles de documentos para probar indicios y establecer vínculos. Además importantes historiadores contribuyeron enormemente con sus consejos para la realización de este libro.

Algunos fragmentos ya aparecieron en *El Anticristo - Poder oculto detrás del nuevo orden mundial,* cuya versión original fue publicada por primera vez en Chihuahua (México), en 1991.

Capítulo 1

Una historia de familia

"Mis adversarios políticos no deben saber nada de mis orígenes ni de la historia de mi familia." – Adolfo Hitler[1]

En 1945, en un interrogatorio realizado por la División Airbone 101, la hermana de Hitler, Paula Hitler revelaba:

"Los Schmied y los Oppenstein son miembros muy apreciados de nuestra familia, en particular una sobrina de la familia Schmied, que se casó con un Oppenstein. No conozco a nadie de la familia de mi padre. Mi media hermana Angela y yo con frecuencia decíamos que, seguramente nuestro padre debería tener familia, pero nosotras no la conocíamos."

¡Las dos hermanas de Hitler no conocían la familia de su padre!

Hoy en día está comprobado que la madre paterna de Hitler, Maria Anna Schicklgruber, trabajó para una familia judía muy rica y poderosa.

También se sabe que la abuela paterna de Hitler había tenido una relación sexual con su patrón judío. El mismo Hitler afirmó a su abogado Hans Frank:

"Mi abuela era muy pobre y mintió a su patrón judío para el que trabajaba cuando estaba embarazada. Ella le dijo que él era Éste tenía suficiente dinero, por eso ella lo hizo pagar por mi padre."[2]

Por lo tanto, no cabe duda que el patrón judío había tenido una relación sexual con la abuela paterna de Hitler.

---

1. Christian Graf von Krockow: *Hitler und seine Deutschen*, Múnich, [List], 2001, p. 33.
2. Hans Frank, *Im Angesicht des Galgen*, Gräfelfing, [F.A. Beck], 1953, 331.

9

Para impedir que las alemanas empleadas en familias judías quedaran embarazadas, Hitler hizo publicar el siguiente texto sobre las leyes raciales de Núremberg:

"Desde ahora, está prohibido para las mujeres arias menores de 45 años trabajar como sirvientas en las casas de familias judías."

Cuando Maria Anna Schicklgruber quedó embarazada del padre de Hitler, su patrón la envió a Strones, su pueblo natal. Aqui, dio a luz al padre de Hitler, al que llamó Alois. Rechazó que el niño llevara el patronímico de su padre. En 1842, cuando el padre de Hitler tenía 5 años, su madre se casó con un molinero llamado Johann Georg Hiedler.

Varios autores afirman que Hitler nació de una relación incestuosa. Según ellos, el abuelo de su padre y el abuelo de su madre eran la misma persona, lo que constituiría un matrimonio incestuoso de primer y segundo grado. Klara Pölzl, la madre de Adolf Hitler, se decía era sobrina de Alois Hitler.

La simple observación del árbol genealógico de Hitler revela que esta alegación es falsa.

La única relación de parentesco entre las dos familias aparece en 1842, cuando Georg Hiedler, hermano del abuelo de Klara Pölzl, se casó con la abuela paterna de Hitler, Maria Anna Schicklgruber. En consecuencia, Georg Hiedler era el padrastro de Alois Hitler. De ninguna manera se trata de un caso de incesto.

El padre de Hitler llevaba hasta el 6 de junio de 1876 solo el apellido de su madre Maria Anna Schicklgruber.

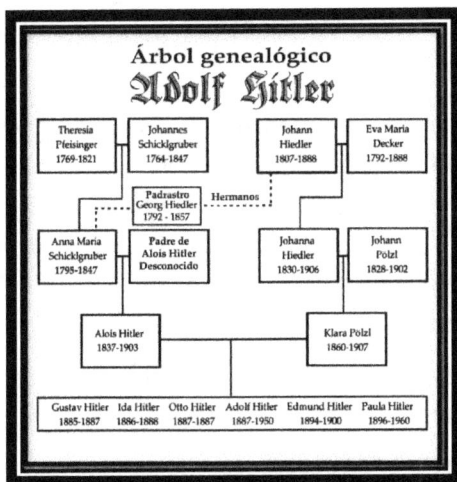

Árbol genealógico
𝕬𝖉𝖔𝖑𝖋 𝕳𝖎𝖙𝖑𝖊𝖗

Theresia Pfeisinger 1769-1821	Johannes Schicklgruber 1764-1847	Johann Hiedler 1807-1888	Eva Maria Decker 1792-1888

	Padrastro Georg Hiedler 1792-1857	Hermanos	
Anna Maria Schicklgruber 1795-1847	Padre de Alois Hitler Desconocido	Johanna Hiedler 1830-1906	Johann Pölzl 1828-1902

Alois Hitler 1837-1903	Klara Pölzl 1860-1907

Gustav Hitler 1885-1887	Ida Hitler 1886-1888	Otto Hitler 1887-1887	Adolf Hitler 1887-1950	Edmund Hitler 1894-1900	Paula Hitler 1896-1960

Unos 30 años después de la muerte de su madre (1847), Alois fue oficialmente adoptado por su padrastro. George Hiedler tenía entonces 84 años y deseaba registrar a Alois como su hijo y heredero en su testamento. Por error, se registró como apellido el nombre Hitler en lugar de Hiedler.

El padre de Adolfo Hitler se casó tres veces. Su tercera esposa, Klara Pölzl, madre de Adolfo Hitler, contaba con 25 años, y era 23 años más joven que Alois Hitler.

En 1906, el joven Hitler pasó una temporada de dos semanas en Viena. Durante sus vacaciones, Hitler ya se apasionaba por la música, la ópera, el arte y la arquitectura.

En el verano de 1907 su tía Johanna Pölzl dio a Hitler mil coronas, para que pudiera emprender sus estudios. Este dinero le permitía entre otros rentar una habitación en Viena.

En Viena se inscribió en la Academia de Bellas Artes de Viena.[3] Pero la formación de Hitler no era suficiente y fue

---

3. La suma que había recibido de su tía equivalía al salario anual de un abogado o de un docente.

rechazado en la Academia. Hitler mantuvo este fracaso en secreto.

En octubre de 1907 su madre había sido diagnosticada con cáncer, y Hitler regresó lo antes posible junto a su lecho. Se quedó a lado de su madre hasta su muerte, sin concederse un respiro. Se ocupaba de la limpieza, de cambiar a su madre y de prepararle la comida. Klara falleció el 21 de diciembre de 1907 en los brazos de su hijo.

El doctor Eduard Bloch médico judío de la familia, estaba verdaderamente sorprendido, y contaría después:

"Durante toda mi carrera nunca vi a alguien sentir tanta tristeza como a Adolfo Hitler."[4]

Su madre fue inhumada la noche de Navidad. Hitler estaba consternado por el dolor. Se mantuvo ante su tumba durante mucho tiempo después de que el resto de la familia se fue del cementerio. Era como si de pronto el mundo se hubiera hundido bajo sus pies.

A partir de ese día siempre llevó consigo una fotografía de su madre. En su casa, en su trabajo, e incluso en el búnker de Berlín, un retrato de su madre lo acompañaba.

A principios de 1908, Hitler volvió por tercera vez a Viena. Ahí desapareció hasta octubre del mismo año.[5]

En su libro *Mein Kampf*, Hitler escribió que encontró alojamiento en algunos centros de acogida para mendigos y

---

4. Entrevista con Eduard Bloch, del 15 de marzo de 1941. Bloch fue protegido por la Gestapo por órdenes de Hitler, quien lo ayudará a salir del territorio del Reich hacia Estados Unidos.
5. En octubre de 1908, reapareció en el momento en que emprendió una segunda tentativa para inscribirse en la Academia de Bellas Artes y, más tarde, en la academia de arquitectura. Su inscripción no fue aceptada.

vagabundos. Hitler describió esta época como "el momento más sombrío de su vida."

¿Por qué Hitler vivía en un refugio para personas sin hogar?

Hitler intentaba escapar al servicio militar austriaco. Gracias a que tenía el acta de nacimiento de su hermano fallecido, Edmundo, se registró bajo ese nombre en un refugio para judíos sin hogar.[6] Hitler consiguió hacerse pasar por su hermano. Como se presentaba con el nombre de su hermano, logró escapar a sus obligaciones militares. ¡La policía buscaba a Adolfo Hitler!

Reinhold Hanisch, el mejor amigo de Hitler escribió en su libro *I was Hitler's Buddy* (Yo fui amigo de Hitler) que la mayoría de los amigos de Hitler eran judíos. Hitler no alimentaba ningún sentimiento antisemita.[7]

Hanisch ayudó a Hitler con la venta de sus pinturas. Los clientes eran principalmente hombres de negocios judíos.[8]

Hanisch también se burlaba con frecuencia de Hitler por su barba y sus grandes pies:

"Con frecuencia me burlaba de Hitler diciéndole que debía tener sangre judía. Una barba tan grande no puede salir en un mentón de cristiano. También tenía enormes pies, prácticamente como un nómada del desierto."

---

6. El hermano menor de Hitler murió a temprana edad debido al sarampión cuando Adolfo tenía tan solo 11 años.
7. Walter C. Langer, *The Mind of Adolf Hitler: The Secret Wartime Report*, Nueva York, 1972, 132; y Reinhold Hanisch, "I was Hitler's Buddy", en *The New Republic* [Washington, D.C.], 5 de abril de 1939.
8. Hitler pintaba muy bien. Él produjo cientos de obras y vendió sus pinturas y postales para tratar de ganarse la vida en Viena.

Como se ha indicado anteriormente, después de su tercera visita a Viena, Hitler desapareció por 10 meses. Lo que verdaderamente pasó durante este tiempo sigue siendo un enigma. Este período que Hitler pasó en Viena nunca ha sido mencionado por los historiadores.

Los libros de historia no solo modifican a voluntad estos 10 meses de la vida de Hitler, también afirman que la madre de Hitler falleció en diciembre de 1908, en lugar de diciembre de 1907. Los libros de historía enseñan que Hitler desde la muerte de su madre, vivía en su casa hasta diciembre 1908.

Certificado de defunción de la madre de Hitler
(21 de diciembre de 1907)

¿Por qué la fecha de muerte de su madre es modificada deliberadamente? ¿Por qué se trata de ocultar estos 10 meses de la vida de Hitler? ¿Dónde y con quién pasó Hitler este tiempo en Viena.

Parece que durante este tiempo, Hitler estaba en contacto con su abuelo. Su amigo Hanisch ofrece en su libro las pruebas de esta hipótesis. Explica que Hitler conocía a un judío adinerado a quien llamaba "papá".

Este detalle indica que muy probablemente Hitler estaba en contacto con su familia en Viena.

¿A qué familia se refiere Hanisch?

En 1934, el Canciller austriaco Engelbert Dolfuss encargó a la policía realizar investigaciones sobre los orígenes de Hitler.

A consecuencia de esta investigación discubrieron que la abuela paterna de Hitler había trabajado como empleada doméstica para la familia Rothschild. Y que en 1837, ella quedó embarazada del hijo de 19 años del banquero. Cuando la familia Rothschild lo supo, la enviaron a su pueblo natal. La policia también discubrió que entre 1837 y 1851, utilizando una falsa identidad, los Rothschild pagaron una pensión alimenticia por el padre de Hitler.

Como era de esperar, el Canciller Engelbert Dolfuss murió asesinado el 25 de julio de 1934.

No tardaron mucho en presentar una historia fabricada. Este decía que la abuela paterna de Hitler no trabajó para los Rothschild, sino trabajó como cocinera en la casa de un judío llamado Baron Leopold Frankenberger que vivía en Graz (Austria), cuando dio a luz a su hijo. Según esta historia, el Baron pagaba a la abuela paterna de Hitler una asignación de mantenimiento.

Esta historia es falsa de principio a fin. Es una invención fabricada. Ningún residente de apellido Frankenberger está incluído en ninguna lista de censo en Graz en aquellos años. Lo cierto es, que desde finales del siglo XV hasta una década después de que la abuela paterna de Hitler murió, ningún judío vivió en Graz. Todos los judíos habían sido expulsados de Graz por el Emperador Maximiliano I. Los judíos ni siquiera podían entrar en la provincia de Styria.

El célebre escritor y psicoanalista Walter Langer menciona también el nombre del Barón de Rothschild de Viena.

En su libro *The Mind of Adolf Hitler - The Secret Wartime Report* (Nueva York, 1972), basado sobre un informe secreto de la Office of Strategic Services (la Oficina de Servicios Estratégicos estadounidense), Walter Langer hace varias revelaciones que prueban que el padre de Hitler era el hijo del Barón de Rothschild.

También es interesante saber que Hitler durante su tercera estancia en Viena nunca vivió en un refugio para personas sin hogar. Está comprobado que durante los 10 meses, los Rothschild financiaron la estancia de Hitler en el albergue para hombres de Meldemannstrasse.[9] Entre los residentes se encontraban artistas, universitarios, escritores y militares jubilados.

Después del ascenso de Hitler al poder, todas las indicaciones de un lazo de parentesco con los Rothschild fueron borradas. El 2 de diciembre de 1936, Hitler ordenó el arresto de su amigo judío Reinhold Hanisch.

Oficialmente, Hanisch falleció debido a un paro cardíaco el 4 de febrero de 1937 en una prisión de Viena.

Además, en 1938 Hitler hizo que fuera arrasado el pueblo natal de su padre. También ahí todas las huellas fueron borradas.

Después de la guerra, uno de sus primeros biógrafos, de nombre Heinz Müller, publicó interesantes informaciones sobre la historia familiar de Adolfo Hitler en el diario *Neues Deutschland*, bajo tutela estadounidense. Hitler había encargado a Heinz Müller escribir su biografía. Según sus investigaciones, el biógrafo también había descubierto que descendía de los Rothschild. Hitler le había prohibido relatar su historia familiar en la biografía.[10]

---

9. Todas estas informaciones y hechos fueron confirmadas por el registro de Männerheim.
10. *Neues Deutschland* [Berlín], septiembre de 1945.

Los orígenes judíos de Hitler

Los Rothschilds pertenecen a la rama de judíos asquenazíes. Si Hitler verdaderamente está emparentado con los Rothschild, es judío asquenazí.

El periodista belga Jean-Paul Mulders utilizó el ADN para encontrar a los padres de Hitler en Austria y en Estados Unidos. Descubrió así el cromosoma Y de Hitler, el que es transmitido de padre a hijo.[7] Destaca de este análisis de ADN que Alois y Adolfo Hitler pertenecen al grupo haplogrupo E1b1b. Este grupo, muy raro en Europa Occidental, es frecuente en los judíos asquenazíes.

No obstante, es importante saber que los judíos asquenazíes no descienden de la raza judía original descendientes de la tribu de Judá. Los asquenazíes son parientes de los pueblos paganos que más tarde adoptaron la fe judía. Provienen de los jázaros (kazares), que tienen lazo de parentesco con los tártaros y los mongoles.

Por consiguiente, la afirmación "Hitler es judío" debe ser reexaminada.

La raza judía no existe

Es importante indicar que la "raza judía" (que desciende de la tribu de Judá y, también, en raros casos, de los levitas), se extinguió hace varios cientos de años. El pueblo judío o la raza judía ya no existen.[8]

El conjunto de los judíos célebres y de los escritores israelitas, así como los historiadores que integran los

---

7. De Telegraaf, [Ámsterdam], 18 de agosto de 2010.
8. Robin de Ruiter, El Anticristo II – El fin de la libertad de los pueblos se acerca, Ediciones Paulinas, 2005.

trabajos estándar sobre el judaísmo, están de acuerdo en el hecho de que los judíos actuales no forman ninguna raza en particular. Ni biológica ni genética ni etnológica ni antropológica: ellos no forman ninguna unidad.

No hay ninguna indicación que permita afirmar que ellos descendieran de la tribu de Judá.

El antropólogo e historiador Raphael Patai escribe en la *Encyclopaedia Británica* de 1973:

"Los resultados de la antropología muestran que, contrariamente a la opinión comúnmente admitida, la raza judía no existe. Las medidas antropométricas de grupos judíos en muchos lugares del mundo demuestran que, con respecto a todas las características físicas importantes, están muy alejados el uno del otro".

Durante una conferencia que se llevó a cabo en Trípoli, el rabino G. J. Neuberger lanzó la siguiente pregunta sobre la raza judía:

"¿Quién es judío?"

Neuberger respondió:

"Todos los que están de acuerdo con la ley judía, la Halajá, y están convertidos al judaísmo."

El titular del Premio de la Paz del Comercio Librero Alemán (2007) e historiador especialista de la Shoah Saul Friedländer decía:

"¿Cada uno puede volverse judío por la conversión? Es una decisión personal."[9]

Un judío es un adepto a la fe judía, al judaísmo (farisaísmo). La actual religión judía puede ser trazada nueva-

---

9. *Frankfurter Allgemeine Sonntagszeitung*, [Frankfurt del Meno], 14 de octubre de 2007.

mente desde su origen, sin interrupción a través de los siglos, hasta los fariseos.[10]

El judaísmo actual se diferencia considerablemente de la religión (hebraísmo) de los antiguos israelitas. Entre 598 y 586 a. C., Nabucodonosor desplazó a una gran parte de los habitantes de Judea para deportarlos a Babilonia. En el año 539 a. C., Ciro el Persa autorizó a los habitantes de Judea volver a ocupar su país. La salida de Babilonia y la aceptación del Talmud de Babilonia marcaron el fin del hebraísmo y el comienzo del judaísmo (fariseísmo).

Solamente Hitler y los sionistas han definido siempre a los judíos como una raza.

Este aspecto será tratado con mayor profundidad más adelante.

---

10. *Encyclopédie universelle du judaïsme* (Vol. nº. 8), 1942, p. 474.

Capítulo 2

Sin huella

Como ya lo indicamos Hitler desapareció después de su llegada a Viena, desde el comienzo de 1908 hasta septiembre del mismo año. No sería la última vez que esto sucedería. De enero de 1912 a mayo de 1913 desapareció de la misma manera. Los historiadores se vieron confrontados con un verdadero enigma. ¿Dónde permaneció Hitler durante este período?

En su libro *Hitler was a British Agent*, (Hitler fue un agente británico) Greg Hallet escribió que de febrero a noviembre de 1912, es decir, durante nueve meses, Hitler fue preparado para su papel de dictador en la Military Psy-Ops War School (escuela militar de operaciones psicológicas de guerra) de Devon y, más tarde, en otra escuela de guerra psicológica, en Irlanda. Las dos escuelas fueron cerradas después de la Segunda Guerra Mundial. Estos hechos se afirman no solamente por Greg Hallet, sino también —como lo veremos más tarde— por la cuñada de Hitler, que vivía desde hacía tiempo en Inglaterra.

Las diferentes escuelas psicológicas y operacionales militares británicas estaban bajo el patrocinio del Tavistock Institute que, en 1913, se situaba oficialmente en el Wellington House, en Londres. Este instituto no es solamente el ancestro de todos los *Think tank* (laboratorio de ideas), sino que también es el instituto más importante a nivel mundial que trabaja en el marco del control mental. Prácticamente no hay ningún aspecto de la vida, en Europa y en Estados Unidos, sobre el cual el Tavistock Institute no tuviera alguna influencia. Estaba activo en los gobiernos, la industria, el comercio, la enseñanza, así como en las instancias políticas de los países. Cada detalle mental o psíquico de cada nación occidental es analizado y exami-nado. Los datos son clasificados enseguida.

Una de las técnicas utilizadas por el Tavistock Institute es conocida con el nombre de *profiling*. Esta técnica puede aplicarse a personas, a grupos de diferentes tamaños, a la multitud y a las organizaciones políticas. No importa qué grupo de personas reconocidas y coronadas por el éxito, ya sea que pertenezcan al mundo de la política o de la vida social, pueden ser manipuladas por las técnicas del Tavistock Institute.[11] Desde su fundación, el Tavistock Institute ejerce su influencia sobre la población.[12]

El impactante libro del doctor John Coleman *The Tavistock Institute of Human Relations: Shaping the Moral, Spiritual, Cultural, Political and Economic Decline of the United States of America*, (El Tavistock, Instituto de Relaciones Humanas: formando el declive moral, espiritual, cultural, político y económico de los Estados Unidos de América) es la obra más importante sobre los métodos de lavado de cerebro utilizados por el Instituto Tavistock. En 1913 este instituto recibió entre otras, la misión de propaganda que consistía en que se aceptara la declaración de guerra del Reino Unido a Alemania. Debía romperse la fuerte reticencia de la población inglesa ante la inminente guerra con

---

11. John Coleman, *The Tavistock Institute of Human Relations: Shaping the Moral, Spiritual, Cultural, Political and Economic Decline of the United States of America* (*Instituto Tavistock para las relaciones humanas: encargado de trabajar por el declive moral, espiritual, cultural, político y económico de Estados Unidos de América*), Londres, [Carson City, Nevada, Joseph Holding], 2005, p. 188.
12. *Ibid.*, p. 34.

Alemania.

El proyecto se encontraba bajo la dirección de lord Northcliffe y de Marcus Raskin. El dinero provenía de los Rockefeller, los Warburg y los Rothschild, con éste último Northcliffe estaba vinculado por matrimonio familiar.

Hitler comenzó su formación en Inglaterra y en Irlanda en 1912. Se desconoce a la persona que lo envió de Viena a Inglaterra.

La respuesta sin duda es lógica: sabemos que el abuelo de Hitler era un miembro de la familia Rothschild que desempeñó un papel muy importante en el Instituto Tavistock.

El Instituto Tavistock aplicó métodos y experiencias traumáticas en Hitler con el fin de prepararlo para entrar en la historia.

Como un mecanismo de autoprotección contra los traumatismos extremos, el cerebro crea de manera deliberada, varias personalidades dentro de un individuo.[13] Durante una experiencia traumática, la mente erige un muro para aislar los recuerdos dolorosos, muro que sirve de escudo.

La persona traumatizada ya no sabe lo que su inconsciente produce. La personalidad primaria, reprimida a un segundo plano, debe elaborar una nueva identidad, que se llama *alter*. Varias nuevas personalidades corresponden a varios *alter*.

Un *alter* es una parte separada de la memoria, que posee

---

13. Numerosos métodos son utilizados y reagrupados por medio de la manipulación mental, del adoctrinamiento, del condicionamiento, de la codificación, de la programación y el lavado de cerebro.

una identidad propia. Cada *alter* es considerado por el cerebro como una persona autónoma, capaz de tomar el control de las reacciones de la persona.[14] Esta nueva personalidad no sabe nada de la existencia de las otras personalidades. El escudo erigido alrededor de las experiencias traumáticas permite a la persona llevar una vida normal sin parecer diferente a su entorno.

La existencia de dos o varias personalidades en un individuo se define en inglés como Multiple Personality Disorder, MPD (trastorno de personalidad múltiple). Actualmente es llamado Dissociative Identity Disorder, DID (trastorno de identidad disociativo).[15]

La memoria de Hitler fue programada por etapas, como una computadora, y su psique fue dividida en diferentes personalidades. Hitler vivía en un mundo imaginario, fabricado por científicos del Instituto Tavistock.

Durante su estancia en Gran Bretaña y en Irlanda, Hitler fue capacitado para mover multitudes. Poseía un estilo oratorio así como una gestualidad muy personales y particularmente eficaces. Sus talentos resultaron ser grandes ventajas para implantar sus ideas.

En el Trinity College de Dublín los servicios de información del MI-6 dieron cursos de retórica a Hitler. Nada se desaprovechó. Incluso se le enseñó cómo aprovechar su voz al máximo.

---

14. Ulla Fröhling, *Vater unser in der Hölle* (*Nuestro padre en el infierno*), Hamburgo, 1996, p. 18.
15. Michaela Huber, *Multple Persönlichkeiten: Überlebende extremer Gewalt* (*Personalidad múltiple: superviviente de una violencia extrema*), Frankfurt del Meno, [Fischer-Taschenbuch-Verl], 1995, p. 24.

Hitler poseía una increíble fuerza de persuasión, un carisma excepcional. Hablaba con una gran lógica, pronunciando frases coherentes. También tenía una memoria fuera de serie y un sentido del detalle sin igual.[16] Como fue mencionado anteriormente, la cuñada de Hitler confirmó su estancia en Inglaterra. De noviembre de 1912 a abril de 1913, Hitler vivió en Liverpool con su medio hermano Alois y la esposa de éste, Bridget Elizabeth Dowling Hitler. Alois y Hitler recorrieron Inglaterra.[17]

En su manuscrito, la cuñada de Adolfo Hitler, *My Brother-in-Law Adolf* (*Mi cuñado Adolfo*), Hitler llegó a Liverpool después de un corto viaje en tren.[18] Sin embargo estaba tan agotado como si hubiera realizado un viaje particularmente difícil.

¿Estaba Hitler realmente agotado, o tenía síntomas de la programación del control mental?

La cuñada de Hitler menciona que durante este período en Liverpool, él se interesaría en la guerra psicológica. El material de aprendizaje provenía del Instituto Tavistock.

En abril de 1913, Hitler regresó a Viena utilizando la identidad de Edmundo, su hermano fallecido. Su situación financiera estaba lejos de ser catastrófica. El 16 de mayo de 1913, heredó de su padre la considerable suma de 820 coronas. En varias ocasiones recibió mucho dinero

---

16. Marc Vermeeren, *De jeugd van Hitler, 1889-1907* (*La juventud de Hitler, 1889-1907*), Soesterberg, [Aspekt, cop.], 2007, p. 10.
17. Bridget Elisabeth Dowling, *The Memoirs of Bridget Hitler* (*Las memorias de Bridget Hitler*), [Londres], Duckworth, 1979, p. 27.
18. Bridget Elisabeth Dowling, *My Brother-in-Law Adolf* (*Mi cuñado Adolfo*), [Nueva York, 1941].

proveniente de fuentes desconocidas, probablemente de su abuelo. Así pudo llevar una vida sin preocupaciones. Disponía de suficiente dinero y con su pensión de orfandad proporcionaba una ayuda mensual a su hermana Paula.

El 24 de mayo de 1913 regresó a Múnich. Y aunque fue acusado de deserción, fue absuelto posteriormente.

Muy curiosamente, se inscribió un año más tarde como voluntario para efectuar su servicio militar. A finales de 1918, se le confió a Hitler la misión de espiar a los soldados. Actuaba como espía disfrazado: en las barracas militares hablaba sobre revolución para encontrar militares que compartían sus puntos de vista.

El medio hermano de Hitler

En mayo de 1914, el medio hermano de Adolfo Hitler, Alois Hitler, su esposa Bridget y su hijo William Patrick, salieron de Liverpool y regresaron a Alemania. Alois abrió una tienda de hojillas de afeitar. Justo después de su salida de Inglaterra, estalló la primera Guerra Mundial.

Al final de la Gran Guerra, Alois otorgó a Bridget un certificado de fallecimiento falso y se casó de nuevo. Cuando el gobierno alemán se dio cuenta del engaño, fue perseguido. Posteriormente fue absuelto con la ayuda de Bridget. Nada se sabe de estos acontecimientos.[19]

Bajo el III Reich, Alois puso en Berlín un restaurante que funcionó durante todo el período de las hostilidades. Al final de la guerra fue encarcelado por los ingleses, quienes después lo liberaron: nada le fue imputado.

---

19. Tony McCarthy, *Irish Roots* (*Raíces irlandesas*), nº 1, 1992, 1er trimestre, *Hitler: His irish Relatives* (*Hitler: su familia irlandesa*).

En 1929 su hijo de 18 años, William Patrick Hitler, fue a buscar a su padre a Berlín. Durante su estancia con su padre y su nueva familia, visitó a su tío, Adolfo Hitler. Cuando Adolfo supo que Alois había dejado a su esposa Bridget, l trató como si Alois ya no perteneciera a su familia. Le dijo a su sobrino que regresara a Inglaterra para explicar porqué Alois se había quedado sin familia.[20]

Adolfo Hitler intentó escapar de su familia. Sin embargo, su sobrino y su cuñada lo encontraron y lo amenazaron con divulgar a la prensa británica informaciones sobre su estancia en Inglaterra, si él no les daba más dinero. Hitler no quería que su formación en el Instituto Tavistock fuera conocida. Debía ocultar este hecho a cualquier precio. Además los acontecimientos que su familia conocía armonizaban muy mal con su estilo de vida puritano, sobre todo en un período en el que él estaba ocupado en construir su popularidad en Alemania.

Hitler procuró a Patrick trabajos administrativos insignificantes. Sin embargo, éste se sumergió en la vida nocturna de las fiestas berlinesas, y sacó provecho del nombre de su tío.

Con el tiempo, Patrick se apartó de Hitler, y después llegó a Estados Unidos con su madre, el 30 de marzo de 1939. Vivió en Nueva York, donde modificó su nombre para convertirse en William Hiller; trabajó como urólogo en Manhattan, de 1946 a 1977. Su madre Bridget fue contratada por los servicios de información británicos, el British War Relief, en Nueva York.

---

20. Bridget Elisabeth Dowling, *My Brother-in-Law Hitler* (*Mi cuñado Adolfo*), Nueva York 1941.

Capítulo 3

Los componentes de una nueva guerra

Al final de la Primera Guerra Mundial, Alemania, Austria, Bulgaria y Hungría, firmaron cuatro tratados de paz en la ciudad de París. El tratado con Alemania fue firmado en Versalles el 18 de junio de 1919. El Tratado de Versalles no fue diseñado para asegurar una paz eterna. Estaba pensado para salvaguardar el poder de los vencedores.

Alemania opuso resistencia al Tratado ya que la obligaba a renunciar a 75 mil kilómetros cuadrados de su territorio, una zona donde vivían siete millones de habitantes. La región de Poznan tuvo que ser devuelta a Polonia, y los franceses habrían de recuperar el control de Alsacia-Lorena. Además, tendría que haber una zona desmilitarizada de 50 kilómetros de ancho a lo largo del río Rin, y parte del territorio alemán habría de quedar bajo supervisión militar. El ejército alemán fue disuelto y se cerraron las escuelas militares.

Finalmente, todo lo que quedó fue un ejército de 100 mil voluntarios.

La Primera Guerra Mundial proyectó su larga sombra y pronto hubo una crisis económica en todo el mundo. Esta Guerra había arruinado a todos los países que participaron en ella, con excepción de Estados Unidos, que ¡logró obtener un beneficio enorme!

En 1921, los préstamos de guerra proporcionados por los "superiores ocultos" ascendieron a la asombrosa cantidad de 12 mil millones de dólares.

¿Y quién se esperaba que pagara por ellos? La respuesta de los franceses a esta pregunta fue: "los alemanes".

En 1921, un comité de retribuciones impuso a Alemania una deuda de 33 mil millones de dólares. El déficit alemán trajo como consecuencia una inflación continua del marco alemán desde 1923 en adelante.

En 1929, los Rothschild habían causado tal inflación que un colapso era inevitable.

Aunque la economía estadounidense estaba prosperando, nuestros "gobernantes ocultos" repentinamente sacaron de circulación ocho mil millones de dólares, lo que condujo al catastrófico Viernes Negro. Los mercados de valores colapsaron y se produjo una crisis mundial.

En su encíclica *Quadragesimo Anno* (Sobre la restauración del orden social), emitida en 1931, Pío XI escribe:

En primer lugar salta a la vista, que en nuestros tiempos no sólo se acumulan riquezas, sino que también se acumula una descomunal y tiránica potencia económica en manos de unos pocos, que la mayor parte de las veces no son dueños, sino sólo custodios y administradores de una riqueza en depósito, que ellos manejan a su voluntad y albedrío.

Dominio ejercido de la manera más tiránica por aquellos que, teniendo ya en sus manos el dinero y además el poder sobre él, se apoderan también de las finanzas y juegan a su antojo con el crédito, es por ésto que se dice controlan la sangre misma con la que fluye toda la economía.

Tal acumulación de riquezas y de poder origina a su vez tres tipos de lucha: en primer lugar por la hegemonía económica; segundo, se entabla luego el rudo combate para adueñarse del poder público abusando así de su influencia y autoridad en los conflictos económicos; y tercero, pugnan entre sí los diferentes Estados, ya sea porque las naciones emplean su fuerza y su política para promover cada cual los intereses económicos de sus súbditos, o porque tratan de dirimir las controversias

políticas surgidas entre las naciones, recurriendo a su poderío y recursos económicos.[21]

En cada país desde hace más de un siglo todos los bancos centrales son de propiedad privada. Sin ninguna excepción, los institutos financieros están bajo el yugo de los servidores de los Rothschild. Ahora bien, el flujo financiero que pasa por los bancos centrales es comparable a un dique con esclusas. El propietario del banco es el guardián de estas esclusas, abriéndolas para crear más moneda (infla-ción), o bien al contrario, puede reducir el flujo (deflación).

La comunidad que es dependiente de el esclusero y por ende a este flujo financiero, puede "ahogarse" (república de Weimar en 1923), o "deshidratarse" (crisis económica de la década de los años treinta).

Es evidente que por medio de este procedimiento se pueden provocar progresos en el contexto social de una sociedad o de una nación, o destruir completamente una economía.

El colapso de la bolsa de valores de Nueva York también tuvo un impacto desastroso sobre la economía alemana. Este fue el sedimento que facilitó el ascenso de Hitler al poder.

Alemania perdió todos sus bienes en un lapso muy corto. Fueron malvendidos por los Rothschild y sus agentes. Los alemanes que todavía tenían trabajo, recibian su sueldo en

---

21. Pío XI, Carta Encíclica *Quadragesimo Anno*. Sobre la restauración del orden social en perfecta conformidad con la ley evangélica al celebrarse el 40º aniversario de la encíclica *Rerum Novarum* de León XIII, 15 de mayo de 1931, Libreria Editrice Vaticana.

montones de billetes, debido a la inflación y gran deva-
luación del marco. Un millón quinientos mil alemanes
murieron de hambre. Los Rothschild habían preparado
todo el escenario para que uno de sus actores principales:
Adolfo Hitler.[22]

¿Cómo un hombre sin estudios, que no había llegado al
segundo grado y que durante la Primera Guerra Mundial
había logrado solo ser cabo, podía convertirse en canciller
del Reich?

¿Cómo explicar la relación y la interacción entre Hitler y
sus adversarios?

Con una cuidadosa observación, se descubre un esquema
que explica perfectamente el orden de los acontecimientos.
Cada vez que Hitler se enfrentaba a algún obstáculo, le
llegaba ayuda inesperadamente incluso de sus adversarios!
Otro de los misterios que rodean la figura de Hitler, es
también esta yuxtaposición de acontecimientos que
armonizan perfectamente entre sí. Los hechos hablan por
sí solos: la Segunda Guerra Mundial estaba ya preparada
desde el final de la Primera Guerra Mundial.

La ayuda de los comunistas

Pocas personas saben que Adolfo Hitler no llegó al poder
por conseguir una amplia mayoría en las elecciones para
su partido nacionalsocialista (NSDAP). Su ascenso al
poder se dio gracias a la ayuda de los comunistas y de los
socialdemócratas.

---

22. Robin de Ruiter, *Die kommende Transition – Der globale Zusammenbruch des gegenwärtingen Weltsystems steht unmittelbar bevor*
(*La próxima transición – el derrumbamiento mundial del actual
sistema es inminente*), Enschede, 2009, p. 32.

En las elecciones de 1932, los resultados de las elecciones ubicaron a los distintos partidos de la siguiente manera:

1933

Partidos Políticos	Mandatos
Nationalsozialisten	196
Sozialdemokraten	121
Kummunisten	100
Zentrum	70
Deutschnationale Partei	52
Restos de partidos	45
Total de mandatos	**584**

Si asumimos una visión crítica de estas cifras, nos preguntaremos por qué los partidos marxistas SPD (Partido Socialdemócrata de Alemania) y KPD (Partido Comunista de Alemania) no frenaron el ascenso de Hitler al poder. Después de todo, hasta el último momento, más de 12 millones de votantes apoyaron a estos dos partidos. Estos eran trabajadores que deliberadamente votaron por los comunistas y socialistas, de quienes esperaban que cuidaran sus intereses políticos. ¿Dónde estaba entonces el frente rojo, el archirrival de los nacionalsocialistas?

Durante 14 años se habían entrenado en protestas y disturbios por toda Alemania e incluso habían logrado frustrar el primer intento de Hitler por adueñarse del poder en 1920. ¿Qué se hizo para persuadir a los poderosos partidos marxistas para que cedieran el poder político a los nazis sin ningún tipo de lucha?[23]

---

23. Citado por Dieter Rüggeberg, "Anmerkungen und Ergänzungen" ("Comentarios y complementos") en Ivan Maiski, *Wer*

El 29 de enero de 1933, el presidente Paul von Hindenburg renunció y al día siguiente nombró a Adolfo Hitler como el próximo presidente de Alemania.

La pasividad completamente inhabitual del KPD y del SDP es aún más incomprensible si se considera que ambos partidos acumularon 221 mandatos. La única explicación lógica reside en el hecho de que los partidos marxistas habían recibido la consigna de la élite mundial de dejar el campo libre a Hitler!

La ayuda de Chamberlain y Daladier

Ivan Maiski fue el embajador soviético en Londres entre 1932 y 1943. Según él, aquellos que apoyaron a Hitler y su estilo reaccionario de política fueron ni más ni menos que ¡el primer ministro inglés Chamberlain y su homólogo francés Edouard Daladier![24]

Como resultado de la creciente presión de los ciudadanos británicos y de los países que habían estado bajo amenaza de Hitler y Benito Mussolini, los políticos controlados por los "gobernantes ocultos" se vieron obligados a cubrir las apariencias. Oficialmente, hicieron todo lo posible por preservar la paz.

El pacto entre la Unión Soviética, Inglaterra y Francia para formar un frente unido contra la agresión fascista de Alemania e Italia fracasó, como había sucedido con muchos acuerdos previos entre estos países, porque fueron saboteados por nuestros "líderes".

---

half Hitler? (¿Quién ayudó a Hitler?), Wuppertal [Ruggeberg], 1992, pp. 233-249.
24. Ivan Maiski, Wer half Hitler?, Wuppertal, [Ruggeberg], 1992, p. 222.

Ni el gobierno de Chamberlain ni el gobierno francés de Daladier tenían intenciones de entrar en dicho pacto, y ante todo buscaron cualquier manera de evitarlo.

Como resultado de ésta acción, las negociaciones se suspendieron en agosto de 1939. Era evidente que Chamberlain y Daladier eran los culpables. Esta es evidencia concluyente de la conspiración sistemática que precedió a esta horrible guerra.

Ante la farsa que quería hacer creer a los dirigentes que trabajaban en la preservación de la paz, la historia oficial afirma que hasta el 3 de septiembre de 1939, el Rey Jorge VI trataba de garantizar la paz con Alemania. El mismo día en el cual el rey anunciara el estallido de la Segunda Guerra Mundial . El discurso del Rey oficialmente habría tenido poco tiempo para ser preparado. La realidad se opone totalmente a esta afirmación.

Un borrador, descubierto en 2014, muestra que el discurso de Jorge VI ya había sido escrito el 25 de agosto de 1939 al menos dos semanas antes del inicio de las hostilidades.

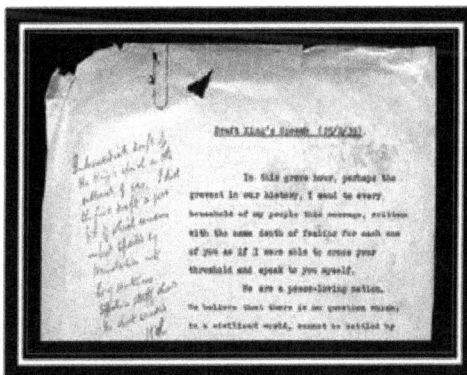

Borrador del discurso del Rey

La Segunda Guerra Mundial se pudo evitar con la cración de una barrera rápida y eficaz contra los países fascistas, pero ¿quién obstaculizó tal barrera?

Por tradición, hemos sido criados para confiar en nuestros gobiernos, y estamos convencidos de que ellos cuidan de nosotros. Sin embargo, esto es un gran error. Debajo de la superficie de la política oficial yace un complicado proceso social e intelectual en marcha.

La gran mayoría de los líderes políticos visibles son títeres dirigidos por un poder de entre bastidores. Este poder invisible está constituido por un grupo relativamente pequeño de las familias más ricas del planeta. Entre ellas los Rothschild. Gúdula Rothschild, viuda de Mayer Amsche! Rothschild y madre de cinco hijos que fundaron las dinastías bancarias de Europa dijo:

"Cuando mis hijos quieren, ¡hay guerra! Cuando ellos no quieren, ¡no hay guerra!"[25]

Con la ayuda de las élites mundiales

¿Era Hitler el artífice de este siniestro plan? ¿Fue ayudado en su ascenso al poder? ¿Por qué tenía que ser desencadenada una Segunda Guerra Mundial?

Para responder a estas preguntas, es necesario analizar los intereses y las personas que se encuentran detrás de la política oficial.

El grupo elitista que desde un segundo plano movía los hilos del III Reich está constituido por varias dinastías anónimas que viven en todos los países y conservan su poder casándose entre representantes de esta esfera. Nos

[25]. Dr. Bertha Badt-Strauß, *Der Aufstieg der Rothschilds en la revista* Menorah, mayo 1928).

enfrentamos con el surgimiento y la consolidación de un poder supranacional. Este poder geopolítico proviene de las familias más ricas dirigidas por los Rothschild. Actualmente ellos controlan todos los países y diseñan los límites de la geopolítica por intermediación de las potencias multinacionales. El objetivo particular de este grupo elitista es el control total de nuestro planeta y de su población.[26]

Con la Segunda Guerra Mundial estas familias acumularon fortunas inconmensurables, así como una influencia enor-me. Mediante su poder económico acapararon una gran parte de las riquezas mundiales. Desde hace decenios, intentan destruir el actual orden mundial para erigir un Estado policiaco en el centro de una verdadera dictadura mundial.

El conocido autor Barry Smith escribe en su libro *Final Notice*:

"Hay 13 familias que lideran el plan de una dictadura mundial. Estas familias son retratadas como las 13 capas de bloques en el extraño sello impreso en el reverso del billete de un dólar."[27]

De acuerdo con la mayoría de los investigadores que han estado trabajando intensamente sobre las familias más poderosas de la tierra, los nombres de éstas son, entre otros: Warburg, Rothschild, Rockefeller, DuPont, Russell, Onassis, Collins, Morgan, Kennedy, Hapsburg, Li, los Morgan y Astor. Las siguientes familias están estrechamente entrelazadas con las familias principales: Vanderbilt, Bauer, Whitney, Duke, Oppenheim, Grey, Sinclair,

---

26. *Targets*, 1er trimestre de 2005.
27. Barry Smith, *Final Notice* (*Último aviso antes de la liquidación*), Melbourne, 1980, p. 9.

Schiff, Solvay, Oppenheimer, Sassoon, Wheeler, Todd, Clinton, Taft, Goldschmidt, Wallenberg, Guggenheim, Bush, Van Duyn y muchas otras. Estas dinastías tienen en sus manos todo el poder financiero y político de nuestro planeta.

Es evidente que estos nombres y el auténtico poder que poseen permanecen desconocidos para el gran público. Y las personalidades que han diseñado la historia no son más que marionetas a sueldo, dirigidas en segundo plano.

Durante una reunión de ganadores del Premio Nobel en Lindau (1978), el célebre bioquímico judío George Wald, profesor emérito de Harvard y receptor del Premio Nobel de Medicina en 1967, dijo:

"No creo que los gobiernos de Occidente en realidad gobier-nen. De acuerdo con mi opinión, quienes gobiernan son los cómplices de las enormes potencias financieras e indus-triales. Hay incontables multinacionales que han acumu-lado poder e inmensa riqueza. No sólo son compañías, son potencias mundiales. ¿Acaso tienen poder militar? Por supuesto que lo tienen. ¿Acaso pueden controlar y gestionar el poder? Por supuesto. Ellos gestionan nuestros gobier-nos."[28]

Los poderosos de nuestro planeta dominan el flujo monetario y los bancos centrales. Constituyen el poder invisible detrás de importantes compañías y medios masivos de comunicación. Programan lo que los políticos deben llevar a cabo. Ni un solo gobierno escapa a su dominio. Por sus reservas financieras, estas familias disponen de un sistema de control que hace dependiente a cada nación y a partir

---

28. Corroborado por Elijah Wald, hijo de George Wald, mediante una comunicación personal del 5 de julio de 2007 dirigida al autor.

del cual orientan todas las decisiones ligadas a la geopolítica y la economía.

Además, ellos poseen todos los grandes consorcios multinacionales del mundo. Estos gigantes no son solamente compañías, son también verdaderas potencias mundiales. No vivimos ya en un mundo basado en las naciones y las ideologías. Las entidades nacionales han sido remplazadas por los grupos y las multinacionales como IBM, ITT, AT&T, DuPont, Dow, Shell, Nestlé, Unilever, Unión Carbide y Exxon. Estas son las "nuevas naciones". El poder de los propietarios de estas firmas supera todas las fron-teras.

Con el tiempo, las familias influyentes han expandido el alcance de su poder por todo el mundo. Su telaraña alcanza todos los confines del mundo. Sus tentáculos se entretejen con cada faceta de la existencia humana. Su influencia es inimaginable, y llega a todas las instituciones y organizaciones líderes en los campos de la política, educación, religión, finanzas y los medios masivos de comunicación. La ciencia ha sido infiltrada por sus "fundaciones" y es financieramente dependiente de ellas; de esta manera se encuentra sujeta a manipulación. La intromisión de las "tres grandes" (las fundaciones Rockefeller, Ford y Carnegie) en el campo de las fundaciones, no puede ser descrita mejor que como una intromisión masiva.[29]

Como este libro lo abordará con mayor profundidad, estas dinastías contribuyeron de común acuerdo en el ascenso político de Hitler. Sin su ayuda el "cabo-dictador" nunca hubiera existido.

---

29. Giles Scott-Smith, *The Politics of apolitical Culture: The Congress for Cultural Freedom, the CIA and Postwar American Hegemony*, Londres, [Routledge], 2002, 123.

En su obra *Wer regiert die Welt?* (*¿Quién dirige al mundo?*), Des Griffin menciona:

Las detalladas declaraciones ante el Comité Kilgore del Senado de Estados Unidos (1945), *Audiencia acerca de la eliminación de recursos alemanes para la guerra* (para descubrir las fuentes financieras con las que fue financiado el III Reich), indican que, cuando los nazis llegaron al poder en 1933, Alemania había realizado enormes progresos industriales y económicos desde 1918 en los preparativos para una guerra. Las cantidades gigantescas de ayuda estadounidense que habían engrosado la economía alemana desde 1924 en adelante, como parte del plan Dawes, habían proporcionado los cimientos sobre los que Hitler fue capaz de construir su máquina de guerra.[30] La oficina del canciller durante la administración de Brüning descubrió que Hitler había recibido cantidades considerables de dinero desde el extranjero, en cuentas aparentemente discretas en el Bayerische Vereinsbank.

No podemos dejar de mencionar que Hitler también fue ayudado por la red industrial alemana y por diferentes organizaciones que pertenecían a ésta. En gran medida, estos capitales provenían de los fondos de la lucha anti-terrorista y de compañías de seguros.

En 1932, la ayuda financiera no llegaba a Hitler ni a sus administradores, sino al Partido Nacional-Popular Alemán (DNVP) y al Partido Nacional Alemán (DNP). El historiador y escritor alemán Walter Görlitz indica que hasta 1928, a título personal, Hitler no había recibido ningún financiamiento de la industria siderúrgica alemana.

Se afirma que Hitler obtuvo subvenciones de la más alta institución financiera de Francia, dependiente únicamente de un hombre: ¡el barón de Rothschild! En *Hinter den Kulissen des Dritten Reiches* (*Entre bastidores del III Reich*),

---

30. Básicamente, el plan Dawes fue diseñado por J. P. Morgan.

publicado en 1987, Otto Rudolf Braun refiere:

"Hitler fue ayudado por los industriales alemanes en mucho menor grado de lo que generalmente se supone; no ob-stante, los colaboradores extranjeros lo apoyaron en mucho mayor escala de lo que generalmente se admite."

Todos los industriales alemanes que financiaban a Hitler eran predominantemente directores de cárteles de nuestros "superiores ocultos" con asociaciones, propiedad, participación o alguna forma de conexión subsidiaria estadounidense.

Anthony C. Sutton afirma en su libro *Wall Street and the Rise of Hitler* que con exepción de Fritz Thyssen y Emil Kirdoff, los patrocinadores de Hitler fueron mayormente empresas multinacionales alemanas y no empresas de origen puramente alemán o representantes de empresas familiares alemanas.[31] I.G. Farben, AEG (General Electric Alemana) y DAPAG (Deutsche-Amerikanische Petroleum AG), que habían sido desarrolladas por medio de préstamos estadounidenses en la década de los años veinte. Ya para la década de los años treinta tenían directores estadounidenses y una fuerte participación financiera estadounidense.

Alfred Rosenberg, amigo y confidente de Hitler, recibió sumas de dinero proveniente de los Rothschild entre 1931 a 1933. Estas aportaciones económicas destinadas al ascenso de Hitler al poder, se efectuaron a través de lo gerencia de la Royal Dutch Shell empresa representado por Sir Henri Deterding. Shell, la creación gigante del empre-sario anglo-holandés Sir Henri Deterding, fue —y

---

31. Anthony C. Sutton, *Wall Street and the Rise of Hitler* (*Wall Street y el ascenso de Hitler*), 1999, p. 88.

es— propiedad de los Rothschild y de la familia real holandesa. La compañía estuvo estrechamente vinculada con la creación del partido nazi de Hitler. Shell también con-struyó todas las bombas y estaciones de gasolina en las carreteras de Hitler. Es una aseveración generalizada que Deterding financiara personalmente a Hitler en 1921.

El biógrafo Glyn Roberts afirma en su libro *The Most Powerful Man in the World* (*Sir Deterding, el hombre más poderoso del mundo*):

"La prensa holandesa afirmó que Deterding había puesto a disposición de Hitler nada menos de cuatro millones de florines, mientras su partido todavía estaba en pañales."

Fuentes fidedignas en Inglaterra muestran que Sir Henri Deterding ayudó al "Proyecto Hitler" a sobrevivir una fase crítica con una gran donación financiera.[32]

En ese tiempo, la Royal Dutch Shell era dirigida por Peter Montefiore Samuel y Sir Robert Waley Cohen. Ellos financiaron a Hitler hasta 1933 con unos 50 millones de marcos.

Esto hizo de los Rothschild el segundo mayor patrocinador de Hitler, después de los Warburg.[33]

En el *Neue Zürcher Zeitung* del 20 de octubre de 1998, el historiador judío Herbert Reginbogin señaló que, en ese tiempo, el banco más importante para las empresas

---

32. F. William Engdahl, *Mit der Ölwaffe zur Weltmacht: Der Weg zur Neuen Weltordnung* (*El arma del petróleo hasta el poder mundial – el camino hacia el Nuevo Orden Mundial*), Wiesbaden [Böttiger], 1993, p. 131.
33. Wolfgang Eggert, *Israels Geheim-Vatikan als Volllstrecker biblischer Prophetie: Im Namen Gottes* (*En nombre de Dios*), vol. 3, Múnich, [Beheim-Propheten!-Verlag], 2001, p. 47.

alemanas era el estadounidense Chase National Bank en Nueva York. El autor sostiene que el banco Chase financió el esfuerzo de la guerra alemana y los servicios de inteligencia alemana en Norte y Sudamérica.

A lo largo de la guerra, el Chase Bank en París continuó haciendo negocios con la fuerza laboral alemana y con la Gestapo. Después de la guerra, los directores estadounidenses del banco fueron acusados de crímenes de guerra, pero, según Reginbogin, nunca fueron condenados.

En su libro *Wer regiert die Welt?*, Des Griffin alude al papel del embajador estadounidense William E. Dodd, en la Alemania nacionalsocialista. El diplomático escribe en su diario, el 15 de agosto de 1936:

En este momento más de un centenar de compañías estadounidenses tienen empresas subsidiarias o acuerdos de colaboración en Alemania. DuPont tiene tres socios en Alemania que se centran en la industria del armamento. El socio principal es la empresa I.G. Farben. En diciembre de 1933, Standard Oil Company (la subsidiaria de Nueva York es propiedad de los Rockefeller) ha enviado dos millones de dólares de esta manera y recibe anualmente 500 mil dólares para ayudar a los alemanes en la fabricación de combustible que está destinado al esfuerzo de guerra. Sin embargo, Standard Oil es incapaz de recaudar sus ganancias, al menos en forma de bienes. En todo caso, no es una opción que utilicen mucho. A pesar de que informé a la compañía matriz sobre sus utilidades, no se mencionaron las trans-ferencias reales. El director de la Internacional Harvester Company me dijo que su facturación había crecido 33 por ciento anual —creo que debido a la industria del arma-mento—, pero que sus utilidades no las tomaban de la compañía. Incluso nuestra gente de las aeronaves tiene un acuerdo secreto con Krupp. General Motors y Ford

tienen enormes ganancias a través de sus subsidiarias aquí, pero no recogen sus utilidades. Menciono estos hechos porque hacen que los asuntos se tornen muy complicados y aumen-tan la probabilidad de guerra.

Los préstamos otorgados al cártel I.G. Farben, compuesto por Bayer, Hoechst, BASF y las fábricas Behring, en gran medida llevaron a Hitler al poder, y al estallido de la Segunda Guerra Mundial. ¡El cártel existió solamente gracias a los préstamos de Wall Street!

Por su estrecha colaboración con el Estado Mayor, apareció un poderoso conglomerado militar-industrial, en virtud del cual I.G. Farben es mucho más responsable de la Segunda Guerra Mundial que las otras compañías.

El cártel I.G. Farben contaba con filiales en más de 100 países. Y su alianza más estrecha con Standard Oil le otorgó un crédito de 30 millones de dólares.

Paul Warburg, su hermano Max Warburg y otras persona-lidades-clave que pertenecían a los círculos de Rockefeller, eran miembros del consejo de vigilancia de la parte estado-unidense del cártel I.G. Farben. La Standard Oil de Rocke-feller y la Chase Bank invirtieron sumas considerables en Alemania. Standard Oil colaboraba con I.G. Farben. Juntos, instalaron una compañía de caucho en la que emplearon a los detenidos de Auschwitz. Alemania no tenía ningún recurso de caucho natural. Dado que la Wehrmacht tenía necesidad de caucho para librar una guerra, el segundo conflicto mundial nunca se hubiera podido producir sin la producción sintética de este material, garantizada por I.G. Farben.

Standard Oil proveyó también un líquido a base del tetraetilo de plomo, como aditivo antidetonante para el combustible de los automóviles y de los aviones. La eficacia de los motores a gasolina aumentó considerablemente. Sin esta alta tecnología, una guerra móvil habría sido imposible.

Para tener una idea de las dimensiones de las que estamos hablando, sepa que el campo de concentraciónn Auschwitz, tenía el tamaño de seis mil estadios de futbol.

Wall Street subvencionó la construcción de todo el complejo industrial allí establecido con sus diferentes fábricas, y el campo de concentración en sí.

En 1941 I.G. Farben construyó también en Auschwitz la fábrica más grande de Europa. I.G. Farben y otras industrias en Auschwitz hicieron millones gracias a la mano de obra barata de los campos de concentración ya que apenas pagaban 4 marcos por cada trabajador.

La IG-Farben-Chemiekartell fue supervisada por nuestros superiores invisibles. En Auschwitz además tenían un programa de control mental nacionalsocialista dirigido por el doctor Joseph Mengele quien lo llevo a cabo anteriormente en el Instituto Kaiser-Wilhelm en Berlín. Los fondos para el Instituto Kaiser-Wilhelm provenían principalmente de la Fundación Rockefeller y de los ministerios de gobierno.[34]

Tras muchos años de investigación la científica Susanne Heim, ha revelado que Mengele, el ángel de la muerte, no actuaba solo. De hecho, Mengele, quien pasó a la historia

---

[34] Susanne Heim, *Research for Autarky: The contribution of scientists to Nazi rule in Germany*, Berlín 2001, 23. Véase también: Kristie Macrakis, *Wissenschaftsförderung durch die Rockefeller Stiftung im Dritten Reich; Die Entscheidung, das Kaiser-Wilhelm-Institut für Physik finanziell zu unterstützen 1934-1939*, en *Geschichte und Gesellschaft*, 12, 1986, 348-379.

como el más cruel de los científicos de la Alemania nazi, fue apoyado por una red de científicos cuyos miembros habían ganado más de veinte premios Nobel.[35] El asesor de la tesis del doctorado de Mengele fue el científico internacionalmente aclamado Otmar von Verschuer, reconocido por sus estudios de gemelos.[36]

La filial de la Standard Oil, DAPAG, tenía sucursales en toda Alemania.[37] Por influencia de Karl Lindermann, el director de DAPAG, la Standard Oil tenía represención en los círculos internos del nacionalsocialismo.[38]

La multinacional General Electric Company, cuya sede estaba en Estados Unidos, electrificó con sus socios extranjeros no solamente las compañías alemanas AEG y Osram, sino también la Unión Soviética en la década de los años veinte. General Electric Company también había financiado la sociedad fiduciaria nacional y a Hitler con una cantidad importante. AEG y Osram estaban en su totalidad entre las manos estadounidenses.[39]

---

[35] *Network of top scientists helped "Angel of Death" Mengele* en *The Guardian*, 22 de marzo de 2005.

[36] Susanne Heim, *Die reine Luft der wissenschaftlichen Forschung; Zum Selbstverständnis der Wissenschaftler der Kaiser-Wilhelm-Gesellschaft*, Göttingen 2002.

37 DAPAG pertenecía en un 94% a la Standard Oil, Nueva Jersey.

38. Karl Lindermann era no solamente presidente de la Cámara de comercio internacional alemana, sino también el director de varios bancos y numerosas compañías como HAPAG (Hamburg-Amerika-Line).

39. United State Senate, Hearings before a Subcommittee of the Committee on Military Affairs, Scientific and Technical Mobilization, 78th Congress, Second Session, Part 16, Washington D.C., Government Printing Office, 1994, p. 939.

Cuando terminó la Segunda Guerra Mundial, los aliados formaron una comisión de investigación conocida con el nombre de Fiat. Ésta debía registrar los daños producidos por las bombas sobre las fábricas alemanas de electricidad.

Para sorpresa de todos, la Fiat estableció que los complejos de las compañías ligadas a la industria estadounidense como AEG nunca fueran destruidas. Este hecho ha sido confirmado por el German Electrical Equipment Industry Report (Informe de la industria alemana para el equipamiento eléctrico), de enero de 1947.

Otro informe sobre AEG del 13 de marzo de 1947 concluye:

"Esta compañía puede inmediatamente iniciar la producción de piezas metálicas y su cadena de montaje."[40]

General Electric no solamente es conocida por su apoyo financiero a Hitler. Esta sociedad también sirvió a la producción de bienes de equipamiento y logró mantener de manera perfecta sus instalaciones lejos de los bombardeos de la Segunda Guerra Mundial.[41]

Un notable descubrimiento fue publicado en 1999 en el *Frankfurter Allgemeine Zeitung*. Este periódico, considerado como una publicación políticamente independiente, publicó el titular *Petróleo para el Führer* donde confirma que, hasta 1942, la Standard Oil, propiedad de los Rockefeller, había suministrado combustible (petróleo) para el avance de Hitler hacia el Este y que ninguno de los vehículos blindados habría podido avanzar sin su ayuda.

---

40. Whitworth Ferguson, U. S. *Strategic Bombing Survey*, AEG-Ostlandwerke GmbH, 31 de mayo de 1945.
41. Anthony C. Sutton, *Wall Street and the Rise of Hitler*, 1999, p. 71.

La Casa Blanca estaba plenamente consciente de que enormes cantidades de petróleo eran entregadas a Alemania a través de los puertos españoles.[42]

¡Alemania también fue armada por la familia DuPont! En la década de los años veinte, los miembros no ocultaban ser fanáticos partidarios de Hitler. En Estados Unidos, fundaron la Liga Americana por la libertad, una organi-zación nazi que distribuía propaganda antisemita. Los DuPont también ayudaron a la I.G. Farben en el área de fabricación de armas.[43]

La familia DuPont controlaba la General Motors, a través de la cual hicieron importantes inversiones en General Aniline & Film, una compañía estadounidense subsidiaria de I.G. Farben.

Los DuPont también hicieron enormes contribuciones al partido nazi de Hitler, haciendo que éste, como un signo de gratitud, no nacionalizara la planta de General Motors en Alemania. Antes del estallido de la guerra, esta fábrica era el mayor fabricante de vehículos blindados y otros equipos móviles de guerra.[44]

General Motors desempeñó su papel más importante como proveedor de los camiones militares que los alemanes utilizaron para mover a sus tropas a través de Europa.

42. Robin de Ruiter, O *Anticristo: Poder oculto detrás da Nova Ordem Mundial*, São Paulo, 2005, p. 54.
43. Después de ser confiscadas todas las posesiones de la I.G. Farben en 1945, la empresa se dividió hacia 1952 en las siguientes empresas: Badische Anilin- & Sodafabrik AG (BASF), Farbwerke Hoechst AG, Farbenfabriken Bayer AG, entre otras.
44. *Neue Zürcher Zeitung*, [Zurich, Suiza], 20 de octubre de 1998.

El Grupo J. P. Morgan simpatizó con la Opel Company, que fue responsable de la producción de vehículos blindados.[45] Además, esta compañía suministró información relativa a los pilotos automáticos, instrumentos de aviación y motores de avión y diesel.

Las empresas internacionales están vinculadas indisolublemente a los crímenes cometidos por el régimen nazi. Recientemente, ha salido a la luz más y más evidencia acerca de las actividades de empresas multinacionales durante el régimen nazi. Shell, por ejemplo, construyó estaciones de gasolina en toda Alemania cerca de las autopistas de Hitler. Empresas como Coca Cola e IBM también estuvieron entre la multitud de empresas internacionales que se beneficiaron con la campaña de Hitler.

En su libro *IBM and the Holocaust: The Strategic Alliance Between Nazi Germany and America's Most Powerful Corporation* (*IBM y el holocausto: la alianza estratégica entre la Alemania Nazi y la más poderosa corporación norteamericana*), el autor judío Edwin Black muestra que IBM, a través de una gama de empresas subsidiarias, tales como la empresa alemana Hollerith-Maschinen-Gesellschaft (DEHOMAG), tenía más tratos con los nazis de los que hasta ahora eran conocidos.

Para dar un ejemplo, los nazis usaron la IBM-Hollerith-Machine (uno de los primeros equipos de clasificación con tarjetas perforadas y calculadoras para el procesamiento automático de datos) para identificar a la población judía en todo el Reich.

---

45. Los Morgan están entre las familias líderes de nuestros gobernantes invisibles.

Se dice que el registro de la población de los nazis y la supervisión de los campos de concentración también se habían llevado a cabo utilizando el equipo de IBM.

Sin embargo, Edwin Black no mencionó que, aunque Thomas J. Watson —fundador y director durante mucho tiempo— dirigió las actividades de IBM durante la guerra, ¡los que realmente controlaban la compañía eran los Rockefeller y los Rothschild!

Reunión de la Cámara de Comercio Internacional (ICC) del 12 de julio de 1937, en Berlín. De izquierda a derecha Adolfo Hitler; Thomas J. Watson, uno de los hombres de alto rango de IBM; un intérprete, R. Schmidt; A. Frohwein; el holandés F. H. Fentener van Vlissingen, el entonces presidente de la ICC y, detrás de él, el hijo de uno de los más prominentes sionistas, Sir Arthur Balfour, primer barón de Riverdale.

Dejamos a la imaginación del lector lo que se debatió en esta reunión con Watson (el desarrollador en IBM de una de las primeras máquinas clasificadoras de tarjeta perforada, que permitía a los nazis identificar a la población judía en todo el imperio) y otras figuras sionistas prominentes, tales como el hijo de Arthur Balfour, quien ejerció, entre otras funciones, como presidente del Consejo asesor para la ciencia y la investigación industrial y como presidente de la Asociación de Cámaras Británicas de Comercio.

Es sabido que la familia Bush se enriqueció gracias al maná petrolero. De hecho, los Bush deben su ascenso en gran parte a Hitler. Entre estas dos facciones, existían vínculos de naturaleza financiera en los negocios comunes. El abuelo de George W. Bush fue quien incrementó los bienes de la tribu, realizando negocios con la Alemania nacional-socialista, ¡y aprovechó la mano de obra gratis de Auschwitz!

Prescott Bush, desde la década de los años veinte hasta el fin de la Segunda Guerra Mundial, fue miembro del consejo de vigilancia de Brown Brother Harriman Holding Company y presidente de uno de los más grandes institutos financieros de Wall Street, la Union Banking Corporation (UBC). Junto con su suegro, George Herbert Walker, y los Warburg, Bush controló la compañía de transporte marítimo, la Hamburg-Amerika-Schiffahrts-gesellschaft, una sección de la Harriman Holding Company de la cual la Alemania nacionalsocialista se servía para transportar a sus agentes hacia Estados Unidos.

Otra rama de la compañía Harriman, Harriman International Co., logró firmar en 1933 un acuerdo con Hitler para la coordinación de las exportaciones alemanas a Estados Unidos. Mientras tanto, la UBC realizaba negocios bancarios en el exterior de Alemania, que concernían al barón de la industria Fritz Thyssen.

Thyssen financió el movimiento del nacionalsocialismo entre 1923 y la toma del poder de Hitler en 1933. Investigaciones llevadas a cabo en 1945 informan que la banca dirigida por Prescott Bush estaba vinculada con la compañía alemana del acero dirigida por Thyssen, y más tarde por Friedrich Flick, quien estuvo en el banquillo de los acusados del Tribunal de Núremberg. Thyssen, este gigante de la metalurgia, producía la mitad del acero, un tercio de las municiones, así como una gran cantidad de material de la maquinaria de guerra alemana.

La Silesian-American Corporation (SAC), encabezada por Prescott Bush y su suegro George Walker, poseía una planta de acero en Polonia, cerca de Auschwitz. En la planta, fueron utilizados prisioneros de los campos de concentración como trabajadores forzados. Una de las personas que investigó las relaciones entre la familia Bush y los nazis es John Loftus, un exfiscal de distrito de la División Criminal del Departamento de Justicia de Estados Unidos. Loftus, quien está comprometido con la labor del Museo del Holocausto de Florida en San Petersburgo (Estados Unidos), afirma que la familia Bush recibió 1.5 millones de dólares por su participación en la Union Banking Corporation (UBC) cuando definitivamente se le puso fin en 1951.

En un discurso, Loftus afirma:

"La riqueza de la familia Bush proviene del III Reich."

Loftus ha definido que el dinero —en ese momento una suma considerable— provenía directamente del trabajo de esclavos que las víctimas de Auschwitz estaban obligados a realizar.

En una entrevista con el periodista Toby Rogers, el exfiscal de distrito expresó:

"Ya es suficientemente malo que la familia Bush ayudara a Thyssen a financiar el ascenso al poder de Hitler en la década de los años veinte, pero ayudar al enemigo en tiem-

pos de guerra es traición pura. El banco de la familia Bush ayudó a Thyssen en la fabricación del acero nazi que mató a soldados aliados. No importa qué tan malo sea financiar la máquina de guerra nazi, pero ser cómplice del Holocausto es un crimen aún más grave. En las minas de carbón de Thyssen, los judíos eran puestos a trabajar como si fueran productos químicos desechables. Thyssen es responsable de seis millones de muertes, y con respecto al papel desempeñado por la familia Bush siguen sin respuesta muchas preguntas legales e históricas".

Como el doctor Anthony C. Sutton muestra en su libro *Wall Street and the Rise of Hitler*, la contribución del capitalismo estadounidense a los preparativos de la guerra en Alemania sólo puede describirse como fenomenal. Esta contribución fue decisiva en los preparativos del país para la guerra. Está claro que un sector influyente de la economía norteamericana no sólo pasó por alto la naturaleza del régimen nazi, sino que ayudó al desarrollo de ese régimen dondequiera que podía, plenamente consciente de que tal desarrollo sólo podía conducir a una guerra, en la que Europa y América inevitablemente participarían. Alegar ignorancia en este sentido es negar los hechos. La evidencia cuidadosamente documentada de que corporaciones en la banca estadounidense y sectores industriales estaban estrechamente involucradas en el ascenso al poder de Hitler y en la creación del III Reich, ¡es del dominio público! Se puede encontrar en los informes de audiencias oficiales que fueron publicados por diversos comités del Senado y del Congreso entre 1928 y 1946.

Entre los documentos más importantes están los titulados: *Subcomité de la Cámara para investigar propaganda nazi* (1934), los informes sobre los cárteles, publicados por la *Comisión temporal de economía de la Cámara* (1941) y el *Subcomité del*

Senado para la movilización de la guerra (1946).

Después de la guerra, la prueba de que Hitler recibió apoyo de Occidente ¡simplemente fue censurada de los tribunales aliados que investigaban los crímenes de los nazis! Tres miembros del consejo alemán de la I.G. Farben estadounidense fueron encontrados culpables en los juicios de crímenes de guerra de Núremberg.[46] Los miembros del consejo norteamericano —Edsel Ford, C. E. Mitchell, Walter Teagle y Paul Warburg— no fueron sometidos a juicio en Núremberg y, por lo que respecta a los registros, parece que ni siquiera se les cuestionó sobre su conocimiento de los fondos de Hitler en 1933.

Además, la mayoría de los historiadores no proporciona ninguna respuesta sobre las razones que en 1940 llevaron a Hitler a anular la invasión de Inglaterra. Hacia finales de mayo de 1940, por órdenes de Hitler, se permitió la retirada del poderoso ejército británico de 330 000 soldados, de Dunkerque hacia Inglaterra. Se trata de un caso único en la historia de la humanidad. ¿Se llegó a un acuerdo? ¿Este movimiento fue autorizado con el objetivo de poner a Alemania a sangre y fuego? La misma reflexión se plantea sobre la guerra contra Rusia: ¿Por qué fue

---

46. Tal como se describe en *The Hitler Book* (*El libro de Hitler*), Hjalmar Schacht, uno de los más importantes banqueros alemanes, chantajeó al Tribunal, afirmando agresivamente que sólo estaba actuando en nombre del establecimiento financiero internacional, representado por el Banco de Pagos Internacionales (BPI), en su encarnación como un oficial nazi de alto rango. Si, estando contra la pared, amenazó, él podría proporcionar evidencias de la ayuda financiera internacional detrás del "Proyecto Hitler". [Helga Zeep-LaRouche (ed.), Schiller Institute, *The Hitler Book*, Nueva York, New Benjamin Franklin House, 1984.]

desencadenada la campaña rusa, cuando cada uno sabía de antemano que sería una batalla perdida? ¿Se trata de una prueba contundente que demuestra que Hitler colaboraba a escondidas con los aliados? Si tenemos en cuenta que Hitler contribuía en la realización de los planes de nuestros "superiores ocultos", hasta la destrucción de Europa Central, entonces la sospecha según la cual él fue el mejor agente de los aliados, no hace más que aumentar.

Actualmente es muy difícil concebir que Hitler haya tenido que recibir la orden de comenzar una guerra con el objetivo final de llevarla a su ruina. Quienes comprendieron que los poderosos del III Reich formaban parte de la élite mundial, podrán descubrir muchos otros secretos relativos a este período. En cuanto a los demás, deberán preguntarse sobre los verdaderos responsables: ¡Hitler estaba vinculado con numerosas personas que permitieron su ascenso!

Capítulo 4

Hitler y la fundación del Estado de Israel

"Incluso si esto parece extraño, el Estado de Israel desde hace mil años es un componente del Reich de Hitler. Sin la colosal influencia del nazismo y del antisemitismo, las Naciones Unidas nunca hubieran podido aprobar la construcción de un Estado judío en la Palestina árabe." – Prof. Bruno Blau, historiador judío (1951).

Bajo el régimen de Hitler, un grupo judío fue apoyado con mucha energía por los nazis, apoyo que desembocó en un acuerdo de emigración entre el III Reich y los sionistas. Esta afirmación, que no se relaciona con una teoría de la conspiración, se apoya en hechos históricos. Un gran número de intelectuales y universitarios judíos ha hablado de este acuerdo de emigración.

Los dirigentes que financiaron a Hitler, y que lo ayudaron ampliamente para llegar al poder, alentaron y subvencionaron también a los sionistas. Estuvieron en el origen del actual Estado de Israel. La fundación de una entidad judía en Palestina formaba parte del programa establecido por la élite mundial.

Los cárteles bancarios Rothschild, Kuhn, Loeb & Co., Warburg y Rockefeller eran los principales proveedores de fondos del sionismo.[47]

Aquí, no nos interesaremos en el papel que el Estado de Israel debe jugar en el plan de la política mundial, sino en la manera en la que los dirigentes lograron finalmente su edificación.

---

47. Robin de Ruiter, *El Anticristo – Poder oculto detrás del Nuevo Orden Mundial*, Ediciones Paulinas, México, 2002.

Las instancias políticas estaban, no obstante, preocupadas por el hecho de que la mayoría de los judíos europeos no tenía ninguna intención de emigrar a Palestina. El judío promedio era adinerado, educado y socialmente bien integrado. Por consiguiente, no tenía ningún deseo de instalarse en un paisaje desértico.

Por eso, en el mundo entero se llevaron a cabo campañas fanáticas contra los judíos. Todo esfuerzo por convencer a los judíos era inútil, la mayoría de ellos se oponían al sionismo. En la época del III Reich, 97% de los judíos no eran sionistas.

En *Die ungelöste Judenfrage* (Berlín, 1977), el escritor judío Isaak Deutscher aborda un interesante fenómeno:

"Ya antes, pero también durante y después del ascenso del nacionalsocialismo, la mayoría de los judíos rechazaba seguir el llamado del sionismo."

Si podemos conceder crédito a la versión oficial de la historia, la toma de poder de Hitler estaba —en perfecta concordancia con el programa de la élite mundial— vinculada con la intención de acelerar la emigración de los judíos. Para conseguir ese objetivo, debía ser destruida la influencia del círculo judío sobre la política, la economía y la cultura.

La persecución de los judíos en Alemania ofrecía a las familias oligárquicas que dirigen el destino del mundo, nuevas posibilidades para su programa de colonización masiva de Palestina por parte de los judíos alemanes. Así, el expresidente del comité ejecutivo de la Jewish Agency, el futuro primer ministro David Ben Gourion, explicaba que la persecución de judíos reforzaba el sionismo.[48]

---

48. *Ibid.*, p. 29.

En 1935 Ben Gourion viajó a Berlín. Numerosos responsables sionistas lo imitaron, incluso poco después de la noche de los cristales rotos. Golda Meir se reunió con Eichmann, así como con otros dignatarios del Reich.[49] ¿Cómo explicar entonces que Hitler, el más grande enemigo de los judíos, haya cerrado acuerdos con sus enemigos?

Los sionistas estaban satisfechos con la función de Hitler como ente canalizador para la emigración de judíos a Palestina.[50]

Según el historiador y periodista israelí Tom Segev, tan sólo algunos meses después de la toma del poder de Hitler, Leo Baeck, rabino, presidente de una logia masónica y eminente representante del sionismo, viajó a Berlín para tratar sobre la inmigración de judíos en Palestina y del traslado de sus bienes.[51] El representante más importante del III Reich era el suplente de Hitler, Rudolf Hess. Él nunca debía ser liberado. Será asesinado más tarde, a petición del gobierno británico, para que la verdad sobre Hitler y el III Reich nunca fuera revelada.[52]

Los sionistas intentaron al máximo posible, negociar la inmigración en Palestina. Los responsables del régimen

---

49. Dieter Rüggerberg, *Geheimpolitik* (*La política secreta*), Wuppertal, [Rüggerner], 2010, p. 37.
50. *Vrij Nederland,* [Holanda], 12 de diciembre de 1978.
51. Tom Ségev, *Die Siebte Million – Der Holocaust und Israels Politik der Erinnerung* (*El séptimo millón – el recuerdo del holocausto y de la política de Israel*), Hamburgo, [Rowohlt], 1995, p. 30.
52. *The Independent,* [Londres], 6 de septiembre de 2013. Siempre se afirmó aue Rudolf Hess fue asesinado, pero que este hecho haya sido publicado por uno de los grandes diarios del cártel de los vencedores, es un hecho sin precedentes.

nacionalsocialista aceptaron la mayoría de las proposiciones de los sionistas. En mayo de 1933, el primer acuerdo económico fue firmado, preparando así el camino para el Acuerdo Haavara firmado el mismo año, el cual accedía la inmigración de los judíos en Palestina.[53] Los intereses complementarios del régimen nacionalsocialista y del movimiento sionista formaron la base para el Acuerdo Haavara.[54]

En 1935, el primer buque abanderado con la cruz gamada enlazó Bremerhafen con Palestina.

En un folleto publicado en 1972, el exdirector de la Haavara, Werner Feilchenfeld, escribió que el Acuerdo Haavara fue puesto en marcha de 1933 a 1941. Permitió a los judíos alemanes que querían emigrar a Palestina depositar dinero en una cuenta particular, en un banco privado de Hamburgo, propiedad de Warburg. En Alemania, estos fondos fueron utilizados para comprar material agrícola, de construcción, bombas, etc., para permitir los próximos asentamientos en Palestina. Todas las mercancías enseguida fueron transferidas a Tel-Aviv, por la sociedad Haavara, en donde eran vendidas. El resultado de las ventas era pagado a los judíos que habían inmigrado. La repartición del derecho de propiedad de estas mercancías entre varios inmigrantes era realizada en función de su capital en estos mismos bancos privados.

De esta manera, el contrato Haavara activó el comercio exterior con Palestina. Además, así el sionismo podía

---

53. La palabra hebrea "Haavara" significa "traslado".
54. La organización mundial sionista, que ratificó el Acuerdo Haavara el 20 de agosto de 1935, durante su conferencia en la ciudad suiza de Lucerna, se encargó de la administración y de llevar a cabo las transacciones.

cubrir su necesidad de inmigrantes y de capital en forma de equipo no fungible.

Alemania obtuvo grandes beneficios de este acuerdo comercial que, de 1933 a 1939, representó la suma de 106 millones de Reichsmarks.[55]

Los Warburg desempeñaron un papel importante en esta empresa. Durante los primeros años, cuando el Acuerdo estaba en vigor, Max Warburg fue responsable de vigilar correcta implementación. Más tarde legó esta responsabilidad a su hermano Felix Warburg, quien aumentó considerablemente las transferencias por medio de préstamos y dividendos.

Todos los que un día consideraban emigrar a Palestina podían depositar sus fondos por anticipado y continuar viviendo en Alemania, tenían acceso libre a su dinero, en forma de créditos de la comunidad judía en Palestina. ¡Podían invertir sus capitales en Palestina y pagar su seguro médico con diez años de anticipación!

El Acuerdo Haavara ofrecía además la posibilidad de visitar Palestina antes de tomar la decisión de instalarse definitivamente. Era posible pagar el costo del viaje con anticipación y obtener a cambio bonos utilizables en todo el territorio palestino.[56]

Cuando comenzó la emigración hacia Palestina, los bancos privados pagaron anticipos por un valor de mil libras

---

55. Tom Ségev, *op. cit.*, p. 43.
56. Werner Feilchenfeld, Dolf Michaelis, Ludwig Pinner, *Haavara-Transfer nach Palëstina und Einwanderung deutscher Juden 1933-1939* (*El traslado Haavara hacia Palestina y la inmigración de judíos alemanes de 1933 a 1939*), Leo Baeck Institus nº26, Tubinga, [Mohr], 1972, p. 49.

palestinas a quienes estaban listos para embarcarse hacia Palestina.[57] Entonces el dinero palestino era distribuido exclusivamente a los judíos alemanes que emigraban a ese país. El historiador judío Avraham Barkai, retoma esta práctica en *Vom Boykott zur "Entjudung"* (Del boicot a la pérdida de la judeicidad). Los emigrantes judíos debían presentar una suma mínima en libras palestinas, para su viaje, con la finalidad de probar que tenían el dinero necesario para establecer una nueva vida. El resto del dinero era depositado en una cuenta privada, a disposición de la banca Haavara.

En Palestina, los judíos recibían muebles y cualquier otro equipo para construir una nueva vida. Este equipamiento comprendía herramientas y máquinaris. Para activar la agricultura, Himmler garantizó que los inmigrantes recibieran una formación técnica adecuada.

Según Tom Segev, muchos inmigrantes judíos, obligados a abandonar su oficio en Alemania, recibían una asistencia social mensual. Autos privados, pero también bibliotecas enteras de literatura clásica y moderna, así como muebles, fueron mandados a Palestina. No hay que olvidar las considerables sumas que los judíos aportaron a su nueva patria. El historiador judío Edwin Black testimonia:

"En particular, hacia el final de la década de los años treinta, los inmigrantes hacia Palestina podían transferir el valor de su casa o de su compañía."

---

57. El Acuerdo Haavara hacía posible el proyecto de inmigración a los judíos menos adinerados. Los anticipos de mil libras palestinas fueron financiados con los ingresos que provenían de este acuerdo comercial. En esta época, la libra palestina tenía un valor cercano a la libra británica.

Según las estimaciones de Black, por los acuerdos y transferencias bancarias internacionales, una suma total de 70 mil millones de dólares llegó hasta Palestina. El flujo de capitales provenientes de Alemania tuvo gran influencia en ese país en pleno desarrollo. Grandes complejos industriales fueron reproducidos en el lugar; entre otras, la compañía de agua Mekoroth y la empresa textil Lodzia. Edwin Black afirma que el Acuerdo Haavara hizo posible el traslado de bienes de consumo y de capitales esenciales para el crecimiento económico y para la fundación de Israel.[58]

En un folleto de enero de 1939, la administración gubernamental escribió que la creación de un Estado judío en Palestina había sido realizada gracias al traslado de bienes que pertenecían a los judíos que vivían en Alemania, es decir, el Acuerdo Haavara.[59] En un informe del doctor Werner Feilchenfeld redactado por un miembro de la sociedad Haavara y publicado por el Instituto Leo Baeck, con el título de *Haavara-Transfer nach Palästina und Einwanderung deutscher Juden* (El traslado Haavara hacia Palestina y la inmigración de judíos alemanes de 1933-1939), se lee:

La entrada de capitales alemanes, organizada por las actividades comerciales del Acuerdo Haavara, era esencial para

---

58. Edwin Black, *The Transfer Agreement – The untold Story of the Secret Agreement between the Third Reich and Jewish Palestine*, Nueva York, [Macmillan], 1984, pp. 373, 379, 382.

59. Nuremberg document IMT, 32, 243, 3358-PS. Publicación del Ministro de Asuntos Exteriores publicado el 25 de enero 1939. International Military Tribunal, *Trial of the Major War Criminals Before the International Military Tribunal* (Nuremberg: 1947-1949), vol. 32, pp. 242-243. *Nazi Conspiracy and Aggression* (Washington, DC: 1946-1948), vol. 6, pp. 92-93.

la construcción del país, tanto en el ámbito privado como en el público. De esta manera, numerosas empresas comerciales o industriales pudieron ser construidas en la Palestina judía. La mayoría de estas empresas resultaron ser de la mayor importancia para la economía israelí actual. La empresa Mekoroth, que provee agua potable a todo Israel, es un ejemplo. Entre 1933 y 1940, se duplicaron el número y el tamaño de los asentamientos judíos. Esta proeza fue realizada gracias al Acuerdo Haavara.[60]

A pesar de las favorables condiciones que el Acuerdo Haavara creó para los judíos alemanes y el futuro de Palestina, había gran resistencia al respecto. Las negociaciones entre bastidores se describen con gran detalle en *The Transfer Agreement* (*El acuerdo de traslado*). Para Black es difícil comprender y, todavía más delicado, explicar que esto haya sido orquestado entre el III Reich y la organización sionista, a un contrato a favor del Estado de Israel. Sin embargo, en Palestina no todo se desarrolló fácilmente. En efecto, las empresas palestinas vieron en el monopolio de la Organización Haavara y en la importación de productos alemanes una amenaza para su existencia.

Las sociedades comerciales e industriales se opusieron a la importación de productos baratos provenientes de Alemania. La organización Haavara reaccionó a las quejas restringiendo las importaciones para proteger la producción ya existente: protección de "Tozeret-Haaretz".

Gracias a un hábil manejo los astutos hombres de negocios, tuvieron diferentes posibilidades para sacar provecho del

---

60. Ingrid Weckert, *Feuerzeichen: die Reichskristallnacht* (*Señal de fuego: la Noche de los cristales rotos*), Tubinga, [Grabert], 1989, p. 222.

contrato. De esta manera algunos empresarios aprovecharon el contrato Haavara para importar de Alemania piezas para maquinarias. Después, utilizaban las restricciones de importación en detrimento de la producción local.

Esta actitud tuvo repercusiones negativas en la demanda de productos extranjeros, y positivas en el balance de la Haavara.

El Acuerdo Haavara realizado con los nazis tenía por principio convencer a los judíos emigrar a Palestina. Para hacerlo, debían comprender perfectamente que el exilio a Palestina era para ellos la única oportunidad de supervivencia. De este modo, las inversiones financieras de los judíos que preferían emigrar a países vecinos ¡fueron congeladas! En cambio, todos los que tenían la intención de instalarse en Palestina recibieron toda la ayuda necesaria.

El Ministerio de Asuntos Extranjeros, el Consulado alemán en Jerusalén, el Ministerio de Europa Central y el Ministerio de Comercio Exterior apoyaron la política sionista.

El Ministerio de Asuntos Interiores era responsable de la organización de inmigrantes, mientras que el Ministerio de Economía alentaba una emigración masiva, estando encargado de la Haavara y de sus resultados económicos.

En su tesis, Francis R. Nicosia, historiador y experto en América, presentaba, por una parte, las relaciones entre el gobierno nacionalsocialista y los sionistas alemanes y, por otra, la persecución de judíos que tuvo lugar entre la toma de poder de Hitler y el estallido de la Segunda Guerra Mundial. Como explica Nicosia, el gobierno alemán y en particular las SS, promovían la emigración de judíos a Palestina proponiendo una asistencia para el desarrollo allá en todos los ámbitos. Las SS, activas desde el comienzo, capacitaron a jóvenes judíos en acciones militares especiales.[61]

Las SS utilizaron todos los medios para alentar la emigración masiva. No vacilaron en perseguir a los judíos que se consideraban como alemanes. Se les hacía tomar conciencia de su origen y de su identidad judía en las escuelas dirigidas por las SS. Las organizaciones socioculturales judías también desempeñaron ese papel. Si los judíos tomaban conciencia de su origen y de su identidad, estaban más propensos a emigrar a Palestina.[62]

A las SS y a la Gestapo les correspondieron medidas completas para alentar a los judíos alemanes para emigrar.

A lo largo del año, se multiplicaron las relaciones entre Alemania nacionalsocialista y los sionistas. Los sionistas estaban convencidos de que las medidas de reconversión tendrían un efecto sobre la emigración de los judíos a Palestina, y extendieron sus redes en los centros de capacitación que debían ser financiados y establecidos por las SS.

Estos programas de capacitación estaban dirigidos en primera línea, a los jóvenes judíos que aún no habían entrado en la vida activa. Debían transmitirles todos los conocimientos y capacidades de los que tuvieran necesidad para construir una identidad judía en Palestina.

---

61. Douglas Dietrich, militar estadounidense, exbibliotecario y archivista de documentos, tomó notas durante varios años sobre los documentos clasificados. Según Dietrich, los judíos fueron capacitados por el general Rommel en la táctica de guerra de tanques. Por eso lograron derrotar a los árabes en varias batallas. (*Cfr. Nexus* [versión alemana], nº42, 2012, p. 50.
62. *Informe de la SS (Lagebericht)*, mayo-junio de 1934, p. 106.

Sobre todo el territorio del Reich se extendía una amplia red de centros de capacitación en los cuales profesores judíos preparaban masivamente para una futura emigración a Palestina.[63]

Esto puede parecer extraño, pero es real que los judíos se dirigieran a la Gestapo cuando eran amenazados por otros funcionarios o administraciones del Reich.

En Noviembre de 1938, cuando el establecimiento de las autoridades de emigración de los judíos ubicado en el número 6 de la calle Meinken en Berlín fue destruído en la siniestra Noche de los cristales rotos, las SS emprendieron todo lo que estaba en su poder para que este centro pudiera retomar sus actividades inmediatamente.

Los oficiales de las SS garantizaron un tratamiento preferencial a los sionistas, a los liberales y a los judíos "leales", pero no a los antisionistas. Los antisionistas, que con frecuencia eran encarcelados por sus ideas, eran liberados cuando aceptaban emigrar a Palestina.

El 19 de enero de 1941, Hitler recibió y aceptó una oferta para colaborar con la Organización Militar Nacional Sionista Irgún, dirigida por Menachem Begin (futuro Primer Ministro de Israel). La consecuencia de este hecho fue la construcción del campo de concentración de

---

63. En Lobitten, Kaliningrado, Flensburgo, Altona, Hamburgo, Szczecin, Berlín, Hannover, Caputh, Magdeburgo, Neuendorf, Gut Winkel, Schniebinchen, Bomsdorf, Leipzig, Breslavia, Grusen/Frankenberg, Kronstadt, Dresde, Klein Silsterwitz, Colonia, Preiskretsch, Guttentag, Charlottental, Bonn, Bytom, Stuttgart, Augsbourgo, Múnich, Fischach y Gut Winkelhof.

Theresienstadt, en la primavera de 1941.[64] Extrañamente, este campo no era dirigido por miembros de las SS. Su estatuto mencionaba que estaba bajo la administración de instituciones sionistas. La comunidad del culto judío de Praga eran sus administradores. Esta institución era considerada por los judíos (no sionistas) como una sucursal de una comisaria alemana, más temida que la Gestapo.[65] La vigilancia general del campo era efectuada por 12 judíos.

El objetivo de este gueto era hacer de él una especie de campamento donde se prepararía a la juventud judía no sionista para su llegada a Palestina. Los que rechazaban el programa se quedaban en el campo o eran deportados. Su suerte estaba determinada por el comité de vigilancia, que establecía las listas de deportaciones.[66]

Para saber si éste propósito dio resultado, hubiera sido necesario conocer el número de prisioneros que, después de haber sido liberados del campo, llegaron a Palestina. Esto es imposible determinar, porque por increíble que parezca, estas cifras desaparecieron.

Conociendo la precisión y meticulosidad con que los nazis llevaban todos los registros —en un estado que era el más burocrático del mundo de aquel entonces—, la desaparición de estas estadísticas sigue siendo increíble de creer.

---

64. H.G. Adler, *Theresienstadt. 1941-1945. Das Antlitz einer Zwangsgemeinschaft, Geschichte Soziologie Psychologie*, Tubinga, [Mohr], 1955, p. 7.
65. *Ibid.*, pp. 12-13.
66. Dieter Rüggeberg, *Geheimpolitik 3: Wer half Hitler?* (*Política secreta nº 3: ¿Quién ayudó a Hitler?*), Wuppertal, [Rüggerber], 2010, p. 55.

El caso de Theresienstadt, con la colaboración entre Probablemente estas cifras se encuentren en los documentos clasificados y confidenciales de los gobiernos aliados.

El supuesto director del campo, teniente coronel de las SS doctor Seidl, no tuvo oportunidad de hacer ninguna declaración: desapareció después de la guerra sin dejar huella. Pareciera como si hubiera sido eliminado, porque sabía demasiado sobre los asuntos entre Hitler y los sionistas.

Después de la anexión de Austria por Hitler en 1938, Adolfo Eichmann, presidente del Centro para la Emigración de Judíos de Viena, organizaba entre su estado mayor y los responsables del sionismo como David Ben Gourion, frecuentes reuniones en un ala del palacio Albert Rothschild.[67]

Debido a las relaciones secretas entre la Alemania nacionalsocialista y los sionistas, Eichmann viajaba regularmente en Palestina, donde existía una unidad regional del partido nacionalsocialista.[68]

Francis Nicosia explica que en 1937 el ministro de Asuntos Exteriores del III Reich prohibió a los nacionalsocialistas presentes en Palestina hacer propaganda política y defender posiciones antisemitas. El sentimiento antijudío de los árabes de Palestina no debía ser atizado, porque hubiera tenido consecuencias negativas en los judíos alemanes: hubiera impedido la emigración de judíos a

---

67. Tom Ségev, *op. cit.*, p. 47.
68. Francis Nicosia, *Hitler und der Zionismus: das 3 Reich und die Palästina-Frage 1933-1939* (*Hitler y el sionismo*), Leoni am Starnberger See, [Druffel-Verlag], 1990, pp. 88-110.

Palestina.

Después de la anexión de Austria se establecieron también centros de capacitación en ese país. Adolfo Eichmann en persona supervisó su creación. Para luchar contra los inmigrantes ilegales, hizo que la Gestapo también participara. Grupos de inmigrantes de talla importante recibieron durante su paso hacia Austria, la escolta de las SS. Hanna Arendt lo relata en su libro *Eichmann in Jerusalem*. Durante su proceso en Jerusalén, Eichmann contó que había salvado la vida de 100 mil judíos.[69]

Con la autorización de los nacionalsocialistas, la asociación de la juventud judía, la Beitar, Eichmann pudo continuar su trabajo en Austria. Había encuentros, excursiones, campamentos de verano, donde se practicaban todo tipo de actividades.

En el programa había cursos de agricultura. Los miembros de esta agrupación de la juventud estaban autorizados a llevar su uniforme, incluso distribuían volantes de propaganda con contenido fascista. Cuando una unidad de las SS atacó un campo de la Beitar, el responsable del grupo contactó a la Gestapo, que tomó de inmediato medidas punitivas. Más tarde, la Gestapo comunicó la sentencia de la unidad correspondiente.

Desde el principio, el Acuerdo Haavara fue apoyado por Alemania nacionalsocialista. A partir de 1935, aumentó la crítica de la política migratoria y de la aplicación del Acuerdo.

---

69. Hanna Arendt, *Eichmann in Jerusalem – Ein Bericht von der Banalität des Bösen* (*Eichmann en Jerusalén – Un estudio sobre la banalidad del mal*), Múnich, [Piper], 1965, pp. 90-91.

Los servicios secretos de las SS temían que un Estado judío se convirtiera en un bastión para los judíos, de donde pudieran atacar al Reich. A partir de 1937, la mayoría de los servicios del gobierno y del partido se apartaron del Acuerdo Haavara. Ya en 1938, fueron criticados en un decreto personal de Hitler.

¡El Acuerdo Haavara debía ser aplicado a toda costa! Hitler no tuvo en cuenta los consejos de sus expertos en economía. Él era de la opinión que la emigración de judíos superaba en importancia todos los aspectos de la política económica. El doctor Yehuda Bauer supuso que el Acuerdo Haavara era un importante maná financiero para la construcción de Israel, aunque para el Reich significaba una pérdida de capitales. En su libro *Freikauf von Juden?*, escribe:

"Las sumas son impresionantes; sin esta aportación, la fundación del Estado habría sido imposible."[70]

El político israelí antisionista Uri Avnery indica en *Israel ohne Zionisten* (*Israel sin sionistas*) que, durante la guerra, los sionistas eminentes no emprendieron prácticamente nada para salvar a los judíos europeos.[71] Para ellos, las tentativas de rescate filantrópico en Europa, incluso de rescate de judíos en Alemania, perjudicaban la edificación de un Estado judío en Palestina.

---

70. Yehuda Bauer, *Freikauf von Juden?* –*Verhandlungen zwischen dem nationalsozialistischen Deutxhland und jüdischen Repräsentanten von 1933 bis 1945* (¿*Venta libre de judíos? Negociaciones entre Alemania nacionalsocialista y los representantes judíos de 1933 a 1945*), Frankfurt del Meno, [JüdischerVerlag], 1996, p. 336.
71. Uri Avnery, *Israel ohne Zionisten: Plädoyer für eine neue Staatsidee* (*Israel sin sionistas: un alegato por la paz en Medio Oriente*), Gütersloh, [Bestelmann, 1968], 1969, p. 94.

En efecto, dado que la mayoría de esos judíos no poseían nada más que su autorización para emigrar a Palestina, fueron considerados como migrantes indeseables. Los representantes sionistas de las autoridades de inmigración en Palestina estaban totalmente de acuerdo:

"Para Palestina, 90% de esos judíos eran inútiles."[72]

Un informe del comité de rescate, conservado en los archivos del sionismo en Jerusalén, refiere esta reflexión particularmente interesante:

¿Vale la pena ayudar a todo el mundo? En principio, ¿debemos ayudar a todas las personas en dificultades? O bien, ¿no debemos, al contrario, convertir la totalidad del PLAN de rescate en una acción sionista y ayudar solamente a los que son útiles para la construcción del Estado de Israel o del judaísmo?[73] ¿Podemos en total rescatar a algunas decenas de miles de personas, en lugar de un millón, o bien, debemos rescatar solamente a los que serán útiles para la construcción de la nación judía a pesar de todas las exigencias y reproches de los demás? Es importante rescatar a los pioneros jóvenes y que están capacitados, los que están en condiciones de realizar trabajo de construcción sionista.[74]

El informe habla incluso de **"mejor material"** refiriéndose a la mano de obra judía digna de ser socorrida. En otros términos: todos los guías sionistas representaban una política no judía. Incluso Chaim Weizmann, una de las mentes más importantes del sionismo, tenía por única

---

72. Tom Ségev, *op. cit.*, p. 53.
73. El gobierno británico había comunicado el derecho de la organización sionista para establecer autorizaciones de inmigración.
74. Tom Ségev, *op. cit.*, p. 139.

ambición la colonización de Palestina. Él decía:

"Prefiero el naufragio de los judíos alemanes que el del Estado Israel."[75]

Los responsables solamente tenían por objetivo los intereses de Israel. No consideraban como un deber rescatar a los judíos europeos. El deber consiste, como David Ben Gourion anuncia en su mensaje de la Jewish Agency, en construir el Estado de Israel.[76]

Tres semanas después de la Noche de los cristales rotos, Ben Gourion explicaba:

"Incluso si pudiera estar seguro de que la vida de todos los niños judíos en Alemania sería rescatada llevándolos a Inglaterra, o la mitad conduciéndolos a Palestina, yo optaría por la última solución."

Durante una sesión del comité central, el 7 de diciembre de 1938, Ben Gourion comunicó sus expectativas: después de los acontecimientos de la Noche de los cristales rotos, la "conciencia humana" motive a muchos países a abrir sus fronteras a los refugiados judíos de Alemania. Él veía un riesgo en este esquema y advertía:

"¡El sionismo está en peligro!"

No olvidemos que durante el régimen nacionalsocialista, el antisemitismo adoptó formas atroces. Cuanto más las condiciones de vida de los judíos alemanes se deterioraron, más aumentó el deseo de emigrar a Palestina. Fue así cuando el gobierno británico decidió en 1939 limitar la inmigración, éxodo judío hacia Palestina cesó.

---

75. J.C. Burg, *Schuld und Schicksal; Europas Juden zwischen Henkern und Heuchlern* (*Culpabilidad y destino*), Oldendorf, 1972, p. 5.
76. Tom Ségev, *op. cit.*, p. 115.

Es una gran vergüenza que los ingleses echaran varios barcos de refugiados cuando se aproximaban a sus costas. Seiscientos judíos perecieron ahogados.

Durante varios años, hemos sido engañados por lo que realmente pasó con los pasajeros del *Patria* y del *Struma*. Como señal de protesta contra los mandatarios británicos en desviarlos a Palestina, los pasajeros habrían elegido morir en el Mediterráneo. Hasta el día de hoy esta mentira ha atizado la opinión pública de manera inútil.

En la segunda mitad de noviembre de 1940, una serie de barcos provenientes de países europeos y que transportaban judíos, entre ellos el *Patria* y el *Milos*, arribaron a las costas palestinas. La mayoría de los refugiados que no estaban registrados por la Oficina de Inmigración judía, eran personas mayores o niños.

Aunque la Oficina de Inmigración haya estado en posesión de 29 mil visas de entrada, tomaron la decisión de no dejarlos descender, de no liberar ninguna autorización de residencia ni de que atracaran en los puertos palestinos.[77] En el trasfondo de la actitud de rechazo de la Oficina de Inmigración, los británicos comenzaron a reunir a los pasajeros de los dos barcos en otro, el *Patria*, en el puerto de Haifa, que debía conducirlos a la isla de Mauritania. La Oficina de Inmigración tenía otros planes. Decidió utilizar la vida de estos inmigrantes como apuesta en una lotería política. Los activistas de Haganah colocaron bombas que debían hundir el barco y matar a los 1783 pasajeros a

---

77. Relatado por el ministro de la colonización británica Oliver Stanley, el 3 de febrero de 1943.

bordo.[78] Hubo 267 muertos y 172 heridos.

Otro barco cuyos pasajeros perecieron ahogados, fue el *Struma*. A comienzos de febrero de 1942, el *Struma* lanzó el ancla en Estambul con 769 inmigrantes de origen europeo. Abraham Stoufer había organizado este viaje. Recolectó dinero en las comunas vecinas y había rentado barcos para todos los que querían escapar al infierno nacionalsocialista. Su manera de actuar era totalmente diferente a la de los sionistas, que efectuaban una selección de los inmigrantes y ofrecían su hospitalidad a los que eran capaces de trabajar. Lamentablemente Stoufer no pertenecía al grupo de los emisarios judíos que fueron enviados por el movimiento sionista a Europa y no había recibido ninguna autorización de Eichmann para lo que estaba haciendo.[79]

El *Struma* se hundió. La pregunta sería: ¿fue su naufragio un accidente imprevisto o se lo relaciona con un acto terrorista como fue el caso del *Patria*? Sea como sea, los sionistas sacaron ventaja de ese naufragio para suscitar la piedad y el apoyo de la opinión mundial y permitir la realización de sus proyectos en Palestina. El vice primer ministro israelí Mosche Scharett lo comentó:

"No había otra manera."

También es lamentable que Estados Unidos hiciera todo lo que estaba en su poder para restringir la salida de judíos alemanes. Y sin embargo, si la influencia judía pareció a Estados Unidos bastante poderosa para decidir la elección de Roosevelt, ¡no fue igual para ayudar a los judíos

---

78. Naeim Giladi, *Ben-Gurion's Scandals: How the Haganah and the Mossad eliminated Jews* (*Los escándalos de Ben Gourion: cómo Haganah y el Mossad eliminaron judíos*), Tempe, Arizona, [Dandelion Books, 2ª ed.], 2003, pp. 75-79.
79. *Ibid.*, pp. 75-79.

alemanes! Dejemos de lado los motivos de los ingleses, de los estadounidenses y de los sionistas, y reflexionemos sobre una cita del escritor judío J.G. Burg en *Schuld und Schicksal*:

"Mientras en el mundo vivan más judíos en la injusticia, mientras más sean perseguidos, serán mejores las oportunidades del sionismo."[80]

Si dependiera del régimen nazi, muchos más judíos habrían emigrado. El gobierno británico y en particular el movimiento sionista intentaron impedir que los judíos no deseados se instalaran en la Palestina ocupada por los ingleses.

El Acuerdo Haavara funcionó hasta mediados de la Segunda Guerra Mundial. Sin embargo, entre los nazis y los sionistas se mantuvieron los lazos.

En su libro *Freikauf von Juden?*, el profesor Yehuda Bauer, historiador en la Universidad Hebrea de Jerusalén, refiere un encuentro entre los enviados de Himmler y Norbert Masur, un representante del Congreso Judío Mundial, en Suecia. Este encuentro se desarrolló en abril de 1945, justo antes de la caída del III Reich.

Todavía hoy numerosas publicaciones señalan la huida de los judíos alemanes dejarando todos sus bienes atrás. Cabe precisar que ese flujo de refugiados corresponde principalmente a la ejecución de un plan preconcebido.

La verdad es que Hitler emprendió todo lo que estaba a su alcance para dar a los judíos las mejores posibilidades para emigrar. Este escenario se desarrolló en conformidad con las intenciones de sus patrocinadores. La emigración de judíos hacia Palestina fue llevada a cabo ejerciendo presión

---

80. J.G. Burg, *op. cit.*, p. 32.

sobre esta parte de la población. El doctor Nahum Goldmann, quien remplazó al profesor Chaim Weizmann como presidente de la Organización Sionista Mundial, defiende el Acuerdo Haavara en su biografía *Staatsmann ohne Staat* (*Un hombre de Estado sin Estado*) (Berlín, 1970):

"El Acuerdo Haavara hizo posible que 80 mil judíos alemanes emigraran a Palestina, donde realizaron trabajos significativos y pertenecían a las fuerzas creadoras esenciales para la creación del país."

El Acuerdo Haavara procuró en esta medida una ayuda esencial para la Palestina judía, porque esto permitió, después de la guerra, acoger a miles de judíos que venían del mundo entero y convertirse en una nación independiente. En Oriente Medio, la Segunda Guerra Mundial creó una nueva situación política. En noviembre de 1947, la Naciones Unidas decidieron hacer de Palestina dos Estados distintos, uno judío y uno árabe. Los sionistas no estuvieron satisfechos con este arreglo: querían tener total dominio de Palestina.

El sionismo recibió nuevos benefactores. La "compasión" con el pueblo judío en gran medida desembocó en el sueño sionista del reconocimiento del Estado de Israel, en 1948.

Hay pocos investigadores e historiadores que reconocieron abiertamente que Hitler fue un instrumento eficaz entre las manos de una pequeña élite. Hasta hoy, su verdadera misión sigue siendo un secreto bien protegido. Las personas particularmente poderosas que llevaron a Hitler al poder sabíaan el alcance de sus actos.

El Estado de Israel es un elemento indispensable para el establecimiento del Nuevo Orden Mundial. No sin razón, Hitler y los sionistas definieron a los judíos como una raza, y sin este concepto racial, ¡el Estado de Israel nunca hubiera existido! Sin la influencia del nacionalsocialismo y del antisemitismo, las Naciones Unidas habrían tenido menos argumentos para dar su consentimiento para la fundación de un Estado judío en Palestina.

Diferencia entre los pueblos judío y palestino

Como ya se mencionó anteriormente los judíos no constituyen una raza. Un estudio científico del reconocido genetista de la Universidad Complutense de Madrid el profesor Arnaiz-Villena y autor de un texto que lleva por título *The Origin of Palestinians and their Genetic Relatedness with other Mediterranean Populations* (*El origen de los palestinos y sus vínculos genéticos con otras poblaciones mediterráneas*), afirma que los judíos no forman una raza. Según este estudio sustentado en investigaciones genéticas, no hay ninguna diferencia entre los judíos y el pueblo palestino: ¡tienen los mismos ancestros!

La rivalidad que existe entre estos dos pueblos es "cultural y religiosa, pero no genética". El estudio pone en duda la concepción errónea de una raza judía.

El estudio se publicó a inicios de 2001 en la revista *Human Immunology*. En ese momento, los editores vieron en el estudio la contribución a una discusión por parte de un investigador en genética. Sin embargo, tuvieron que ceder a la presión del lobby sionista, que consideró el artículo políticamente tendencioso y lo acusó de difundir excesivos puntos de vista concernientes al conflicto israelí-palestino.

La editora de esta publicación confesó más tarde que fue amenazada con perder su empleo en caso de que no retirara el artículo. Se solicitó a los universitarios suscritos a la publicación arrancar las páginas del mismo. Además, se enviaron cartas a las bibliotecas y al mundo entero, conminando a retirar físicamente este artículo de los estantes.

Después de estos acontecimientos, el profesor Arnaiz-Villena fue destituido de la asociación de escritores. Dadas las intervenciones publicadas en la revista y las numerosas protestas de científicos, como el genetista británico Sir Walter Bodmer y el doctor Mazin Qumsieyeh del departamento de genética de Yale, redactaron una carta a la sociedad apoyando a Arnaiz-Villena y protestando contra la censura científica. Un colega científico comentó:

"El elemento lamentable en todo el asunto es este: si Arnaiz-Villena hubiera aportado la prueba de que el pueblo judío era genéticamente diferente de los demás, podríamos apostar que nadie se hubiera molestado con esta formulación. ¡Es verdaderamente triste!"

Capítulo 5

El Búnker del Führer

Después de la guerra se encontraron donde estaba el edificio del gobierno en el centro de Berlín, más de 40 búnkeres y túneles. Estos pasillos subterráneos estaban unidos no solamente entre sí, sino también con los diferentes ministerios, con la villa de la familia de Goebbels y con el departamento de Hitler en la Cancillería.

El departamento de Hitler en la Cancillería (abril de 1945)

La nueva y la antigua cancillerías estaban unidas por el estrecho túnel Kannenberg. Debajo de la Cancillería había un hospital totalmente equipado, que incluía una sala de operaciones. Debajo de la nueva sala de conferencias de la antigua Cancillería estaba la primera parte del búnker. Éste disponía de un grupo electrógeno de 40 Kw, necesario para el funcionamiento de la iluminación, la calefacción, las bombas hidráulicas y la ventilación. En la primera parte del búnker, al lado del pasillo central y de los espacios técnicos, se encontraron 17 pequeñas habitaciones de cuatro por cuatro metros. Había varios baños y lavabos, así como una cocina con un clóset y un cuarto lleno de productos comestibles.

Plano del búnker

1. Escalera que lleva al observatorio
2. Servicio de vigilancia (y perrera)
3. Primera salida de emergencia
4. Refugio del Servicio de Seguridad del Reich
5. Sala de conferencias
6. Dormitorio de Hitler
7. Oficina de Hitler
8. Salón de Hitler
9. Sala de reuniones
10. Baño privado de Hitler
11. Vestidor de Eva Braun
12. Dormitorio de Eva Braun
13. Alimentación eléctrica
14. Baños
15. Dormitorio de Goebbels
16. Dormitorio de Stumpfegger
17. Sanitarios
18. Sala de personal
19. Central telefónica
20. Alarma central
21. Cuarto de máquinas
22. Sala de personal
23. Sala de personal
24. Sala de personal
25. Sala de personal
26. Almacén de provisiones
27. Cocinas
28. Baños
29. Cuarto de baño y duchas
30. Familia de Goebbels
31. Familia de Goebbels
32. Familia de Goebbels
33. Secretaria
34. Puesto de vigilancia
35. Sala de personal
36. Sala de máquinas
37. Salón comedor
38. Escalera de la Cancillería
39. Salida de la Cancillería
40. Salida de emergencia
41. Salida de emergencia
42. Escalera del Ministerio de Asuntos Extranjeros
43. Ascensor del Ministerio de Asuntos Extranjeros
44. Entrada del Ministerio de Asuntos Extranjeros
45. Salida a Wilhelmstrasse
46. Red de túneles
47. Escondite de Hitler
48. Observatorio o torre de vigilancia (*gardeturm*)

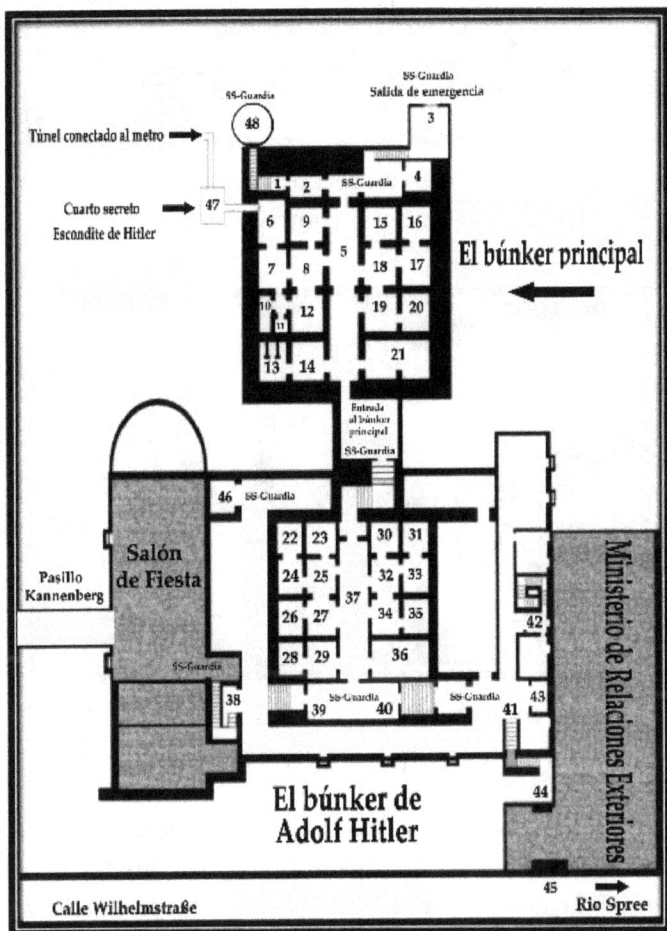

SS-Guardia
Salida de emergencia

3

Túnel conectado al metro →

48

SS-Guardia

Cuarto secreto →
Escondite de Hitler

47

1 2   SS-Guardia   4

6 9   15 16

5   **El búnker principal**

7 8   18 17

10   19 20
12
11

13 14   21

Entrada
al búnker
principal

SS-Guardia

46 SS-Guardia

Pasillo
Kannenberg

**Salón
de Fiesta**

22 23   30 31

24 25   32 33

26 27   37   34 35

28 29   36

42

SS-Guardia

38   39 SS-Guardia 40   SS-Guardia   41 43

**El búnker de
Adolf Hitler**

44

Ministerio de Relaciones Exteriores

45 →

Calle Wilhelmstraße   Río Spree

El búnker de Hitler se situaba bajo la terraza del salón de recepción de la antigua Cancillería, contruida en 1935.

**Salón de recepción de
la antigua Cancillería**

**Salón de recepción y techo de hormigón
del búnker de Hitler después de la guerra**

Detrás de un armario de libros, en la habitación privada de Hitler, había una placa desmontable de hormigón que escondía la entrada a un pasillo el cual conducía a un espacio secreto. Otro túnel unía este espacio con el túnel de una línea del metro.[81]

---

81. *Time Magazine*, [Nueva York], 23 de mayo de 1945.

Al lado de los aposentos de Hitler y de Eva Braun, estaba el refugio de los médicos personales de Hitler, el doctor Theodor Morell y el doctor Ludwig Stumpfegger. Después de su salida del búnker, a finales de abril 1945, el dormitorio del doctor Morell fue cedido al ministro del Reich, Goebbels (Plano del búnker nº 15, p. 79).

El ruido de los enfrentamientos no alcanzaba al búnker principal. Las áreas estaban en calma. Solamente algunas personas tenían autorización para acceder al búnker del Führer. Además de breves conversaciones que se realizaban en el búnker, las discusiones giraban sobre las sanciones de generales y militares nazis. Las armas se dejaban en el guardarropa. En cada acceso, cada visitante era sometido a control. Las únicas personas que en el interior del búnker llevaban un arma, eran el guardia-SS del Reichssicherheitsdienst (Servicio de Seguridad del Reich, RSD), el SS Oberscharführer (sargento mayor de las SS) Rochus Misch y Hitler.

En el búnker había varias salas de reunión y dormitorios para los allegados de Hitler. En uno de los lados del pasillo estaba la primera parte habitada del búnker y del otro lado, la parte deshabitada.

Al final del pasillo estaba previsto un espacio para un guardia que vigilaba el acceso al búnker del Führer. Las puertas de entrada eran de acero y herméticas a los gases. Además de servir como entradas de la primera parte del búnker, estas puertas servían de válvulas de ventilación. La puerta de acceso al búnker del Führer, vigilada permanentemente, estaba siempre cerrada.

El búnker de Hitler estaba situado debajo del jardín de la sala de recepciones de la antigua Cancillería, localizada en el número 77 de la calle Wilhelm (Wilhelmstrasse). Su construcción, a 8.5 metros bajo tierra, se comenzó demasiado tarde, y aún no estaba terminada cuando Hitler se estableció allí.[82]

El observatorio (Plano del búnker, n° 48, p. 79) no estaba todavía en condiciones de funcionar cuando Hitler ocupó el búnker. En algunos lugares el cemento aún estaba fresco. En otros puntos, las bombas funcionaban contra el flujo permanente de agua.

En la primera habitación del lado derecho, si situaba el cuarto de máquinas (Plano del búnker, n° 21, p. 79) el cual contenía bombas que suministraban al búnker agua fresca proveniente de un pozo. La electricidad se producía con un generador diesel. El búnker disponía de un sistema de ventilación específico que filtraba aire para protegerse de un ataque con gas tóxico.

En la segunda habitación del lado derecho, se encontraba la central telefónica (Plano del búnker, n° 19, p. 79). Había una puerta en medio del pasillo. Totalmente al final del pasillo estaba la puerta que daba acceso al observatorio, a la perrera, y a la salida de emergencia la cual conducía a la antigua Cancillería del Reich y a un refugio para los colaboradores del servicio de seguridad (Plano del búnker núms. 5-1-2-3-4, p. 79). que estaban ante todo asignados a la vigilancia del búnker.

---

82. El búnker del Führer medía 312 m².

Capítulo 6

El suicidio de Hitler

Oficialmente Adolfo Hitler y Eva Braun pusieron fin a sus vidas el 30 de abril de 1945. Hitler se habría suicidado de un disparo y Eva Braun habría ingerido una cápsula de cianuro.

El mismo día, los dos cuerpos fueron incinerados y enterrados en el jardín de la antigua Cancillería. Este es el relato que la historia oficial presenta y se encuentra en todas las redes de información.

Ahora bien, si seguimos esta interpretación del suicidio de Hitler tal como se describe en los informes de los servicios secretos, es cada vez más claro que esta versión está basada en el relato de un testigo ocular.

El resto de la historia será complementada por los servicios secretos británicos, bajo la dirección de Hugh Trevor-Roper, profesor de historia en Oxford.

Hugh Trevor-Roper

En septiembre y octubre de 1945, Trevor-Roper grabó a la mayoría de los testigos directos, es decir a las personas que se encontraban con Adolfo Hitler en el búnker los últimos días del III Reich. Si varios de ellos ya habían muerto, otros en cambio, estaban prisioneros en Rusia.

Trevor-Roper tuvo contacto con algunas de estas personas.

También logró interrogar a Gerda Christian, una de las secretarias de Hitler, a Else Krüger, secretaria de Martin Bormann, quien fuera consejero de Hitler, conocido además como la eminencia gris del Partido Nacional-socialista.

Las dos secretarias, que declararon nunca haber visto nada, no pudieron ser de más ayuda al profesor de Oxford.

Hugh Trevor-Roper era completamente dependiente y trabajaba a partir de los relatos y las entrevistas de los servicios secretos estadounidenses y británicos con testigos prisioneros. Entre estos se encontraban solamente tres testigos directos: el chofer de Adolfo Hitler, el SS-Obersturmbannführer (teniente coronel de las SS) Erich Kempka; el SS-Unterführer (suboficial de las SS) Hermann Karnau, así como el SS-Hauptscharführer (suboficial superior de las SS) Erich Mansfeld. Estos últimos dos hombres eran guardias del servicio de seguridad del Reich.

SS-Obersturmbannführer Erich Kempka

Erich Kempka administraba el parque de vehículos de la Cancillería del Reich que se encontraba en el sótano del edificio. Era responsable de más de 40 vehículos y choferes.

Declaración de Erich Kempka, del 20 de junio de 1945

Después del 20 de abril de 1945 encontré a Hitler en varias ocasiones en su búnker de la Cancillería del Reich. Su comportamiento no había cambiado en nada y daba la impresión de ser una persona tranquila. Eva Braun seguía a su lado. Después del 28 de abril de 1945, en la Cancillería del Reich, circulaba el rumor de que Hitler y Eva Braun se habían casado en la noche del 28 al 29 de abril de 1945. Un empleado del Ministerio de Propaganda había llevado a cabo la ceremonia. Durante esta ceremonia dos colaboradores también se casaron. El matrimonio del Führer con Eva Braun no fue anunciado. El doctor Werner Naumann, SS-Reichsführer (general mariscal de campo, comandante en jefe de las SS) y secretario de Estado, fue el primero en confirmar que el Führer se había casado.

El 29 de abril de 1945 hablé por última vez con el Führer. Le dije que yo estaba encargado de encontrar en el centro de Berlín los comestibles para abastecer los hospitales en el barrio del gobierno. Los recursos alimentarios no debían caer en las manos de las tropas soviéticas. En la misma Cancillería del Reich se encontraba un servicio de primeros auxilios. El hotel Adlon y otros edificios de Berlín estaban construidos en las cercanías de centros hospitalarios. En los búnkeres de la Cancillería, una centena de heridos habían encontrado refugio después de ser alcanzados por los bombardeos. Antes del 2 de mayo de 1945, no hubo ningún ataque de infantería sobre el búnker.

El 30 de abril de 1945, a las 1:30 horas de la tarde, el SS Otto Günsche, encargado de la central telefónica del Führer, me llamó y me ordenó ir al búnker.

Debíamos reunir cinco bidones de gasolina, es decir en total, 200 litros. Otros hombres nos ayudaron porque encontrar esos 200 litros de gasolina tomaba tiempo.

Por orden de Günsche trasladamos los bidones delante de la salida de emergencia del búnker que conducía al jardín, detrás de la Cancillería (Plano del búnker nº 3, p. 79). Después de la entrega de los bidones de gasolina, los hombres se redirigieron directamente a su puesto.

Vi que en la entrada del búnker estaba un guardia de las SS, luego fui a la sala de conferencias (Plano del búnker nº 5, p. 79). Allí me reuní con Günsche. Me explicó que él había recibido del Führer la orden de incinerar su cadáver justo después de su muerte para que no pudiera ser expuesto en un laboratorio o en un museo de curiosidades en Rusia.

Poco después del refugio privado del Führer (Plano del búnker nº 8, p. 79) vino el SS-Sturmbannführer (mayor de las SS) Heinz Linge, con un corresponsal militar cuyo nombre se me escapa; cargaban un cadáver envuelto en una manta gris. Por las precedentes informaciones, deduje que se trataba del cadáver del Führer. Se podía ver una parte de su pantalón negro, así como las botas negras que el Führer usaba con la chaqueta de su uniforme. Debido a las circunstancias, no había ninguna duda de que ese cadáver era el del Führer. No vi ninguna mancha de sangre sobre la manta.

Enseguida llegó Martin Bormann que salía del refugio del Führer. En sus brazos llevaba el cuerpo de Eva Hitler, Braun, de soltera. Él me entregó su cadáver.

Madame Hitler usaba un vestido oscuro. No tuve la impresión de que ese cadáver estuviera todavía caliente. Ahí tampoco vi ninguna herida en su cuerpo. El vestido simplemente estaba un poco húmedo a la altura del corazón.

Bormann subió las escaleras con el Reichsminister, el doctor Goebbels, el SS-Sturmbannführer (mayor de las SS) Linge y el corresponsal militar, que llevaba el cadáver del Führer.

Una vez arriba, llevaron el cadáver al jardín de la Cancillería. Los seguí con el cadáver de Eva Braun. Detrás de mí seguían Bormann, el doctor Goebbels y el SS-Standartenführer (coronel de las SS) Otto Günsche.

Bormann llevaba un uniforme. Tanto como lo recuerdo, el doctor Goebbels también llevaba uniforme. Era un poco antes de las 15:00 horas. Linge y el corresponsal militar llevaron al exterior el cadáver envuelto del Führer y lo pusieron en una pequeña fosa, a cuatro o cinco metros de la salida del búnker.

No había hierba solamente arena. En estos últimos tiempos, se habían realizado adecuaciones al lado del búnker. Puse el cadáver de Madame Braun al lado del cadáver del Führer. El SS-Standartenführer (coronel de las SS) Günsche regó los dos cuerpos con gasolina y les prendió fuego.

Martin Bormann, el doctor Goebbels, el SS-Standartenführer (coronel de las SS) Günsche, el SS-Sturmbannführer (mayor de las SS) Linge, el corresponsal militar y yo mismo nos encontrábamos en la entrada del búnker, observando el fuego, efectuando el saludo hitleriano. Estábamos justo en el exterior del búnker, porque la Cancillería del Reich era blanco de un ataque. Al exterior del búnker nos encontrábamos en gran peligro. El jardín de la Cancillería del Reich estaba lleno de cráteres causados por la explosión de granadas. Aparte de nosotros, la escena podía ser vista desde el observatorio (Plano del búnker nº 48, p. 79). Sin embargo, los guardias no estaban informados del acontecimiento.

Después de nuestro regreso al búnker, nadie dijo una palabra. A mi regreso, quise echar un último vistazo a las habitaciones donde Hitler había vivido.

Enseguida fuimos al salón del Führer (Plano del búnker nº 8, p. 79).

Frente a la entrada de la oficina, que medía solamente tres por cuatro metros, se encontraba un angosto sofá (Plano del búnker nº 7, p. 79). Frente a la pata derecha del sofá, había una Walther 6.35 mm, una pistola que, como ya sabía, pertenecía a Madame Eva Braun. En medio del sillón había otra pistola, una Walther 7.65 mm. Deduje que era la pistola del Führer. Dejé los objetos en su lugar y me quedé en silencio durante varios minutos.

No hice ninguna pregunta y nadie me dirigió la palabra.

Era claro, pues, que el Führer y Madame Eva Braun se habían suicidado. La posición de las pistolas mostraba que el Führer estaba en el centro y Eva Braun sobre el lado derecho del sofá, cuando dirigieron sus armas hacia ellos.

Entrevista del 1 de julio de 1954 con el SS-Hauptscharführer (suboficial superior de las SS) Erich Mansfeld

A las 15:50 horas me encontraba en el observatorio. Como había olvidado algo, tuve que dejar brevemente mi puesto. Mi superior me había prohibido descender por el camino acostumbrado de las escaleras (Plano del búnker nº 1, p. 79). Por esta razón trepé por encima del muro exterior del observatorio y una vez que bajé, me dirigí hacia el lado suroeste del edificio, hacia la salida de emergencia del búnker (Plano del búnker nº 3, p. 79).[1] Ahí encontré a varios oficiales SS que se encaminaban por las escaleras y llevaban dos cadáveres. Reconocí el pantalón de Hitler aunque a él no pude verlo, porque estaba envuelto en una manta. El otro cadáver llevaba un vestido azul, que usaba Eva Braun.

---

1. El observatorio no estaba totalmente terminado. El cemento reforzado que se desprendía podía ser utilizado como muro para trepar, lo que efectivamente sucedió. Desde la ventana del observatorio o torre de vigilancia, era fácil alcanzar el suelo.

El SS-Standartenführer (coronel de las SS) Otto Günsche gritó que debía alejarme. Di unos pasos hacia atrás, esperé a que hubieran pasado y entré en el búnker (Plano del búnker nº 3, p. 79). Usé las dos largas escaleras para bajar. En la sala de conferencias (Plano del búnker nº 5, p. 79) no vi a nadie pero escuché voces. Después de un breve momento pasé al servicio de vigilancia (Plano del búnker nº 2, p. 79), decidí regresar al observatorio. Esta vez, tomé el camino acostumbrado, subiendo por la escalera(Plano del búnker nº 1, p. 79).

Erich Mansfeld afirmó que esta escena transcurrió hasta alrededor de las 16:00 horas. La posibilidad de que se equivoque sobre la duración de las secuencias no puede ser desechada. En cambio, no comete ningún error sobre la fecha de estos acontecimientos. Mansfeld afirmaba que fue el 27 de abril, y no el 30 de abril, día oficial del suicidio de Hitler. Esta indicación significa que los cuerpos que Mansfeld percibió no podían ser los de Hitler y de su esposa.

Otro guardia SS del Servicio de Seguridad del Reich (RSD), Hermann Karnau, único testigo de una incineración en el jardín de la Cancillería, fue detenido por los británicos; su historia nunca fue publicada.

Declaración de Hermann Karnau, del 30 de junio de 1945

Por razones desconocidas, durante mi guardia un oficial SS me ordenó dejar brevemente mi puesto —pasillo entre la primera parte del búnker y el búnker principal—Fui hacia el comedor de los oficiales. Tomé la salida de emergencia que conducía hacia el jardín de la Cancillería (Plano del búnker nº 3, p. 79). Cuando regresé a mi puesto, a las 18:30 horas, vi la incineración de los cuerpos de Hitler y de Eva Braun, aproximadamente a dos metros de la salida de emergencia. Reconocí los zapatos negros de Eva Braun. Reconocí a Hitler por su bigote. Fui directamente a ver a mi amigo Hilliger Poppen para informarle lo que había visto. No quiso creerme. Una media hora más tarde regresé a verificar lo que sucedía. Vi a Erich Mansfeld, que estaba de guardia en el observatorio. Él pensaba que eran los cadáveres de Hitler y de Eva Braun. El SS-coronel Schädle le informó que Hitler y Eva Braun habían sido incinerados a un lado de la salida de emergencia. Cuando verifiqué de nuevo a las 20:00 horas, no quedaban más que pequeños fragmentos de hollín.

Es un hecho: la declaración de Karnau no concuerda con la de Erich Kempka. Durante su audiencia, Karnau indicó que la incineración no tuvo lugar el 30 de abril sino el 1 de mayo de 1945, a las 18:30 horas. Y eso no es todo. Karnau afirmó que él había visto a Hitler vivo en dos ocasiones, el 1 de mayo. Ahora bien, el 1 de mayo Karnau estaba de guardia en el búnker del Führer.

"Recuerdo que por la mañana, cuatro hombres llegaron con bidones de gasolina para hacer funcionar el sistema de ventilación."[2]

Karnau relató que, como la estación de ventilación funcionaba con diesel, se le había prohibido el acceso. Heinz Linge pudo pasar gracias a la intervención del equipo asignado al servicio de Hitler, del cual él era responsable.

Poco después, Karnau fue relevado por su descanso para comer. En el trayecto, llegando al salón comedor (Plano del búnker nº 37, p. 79) vio a Hitler vivo sentado en su silla

---

2. Ian Colvin, *Chief of Intelligence: Admiral Wilhelm Canaris*, (*Jefe de los servicios secretos, Wilhelm Canaris*), Londres, [V. Gollancz], 1951, p. 214.

preferida. Afirmó haber visto una vez más a Hitler vivo a las 16:00 horas.

Karnau creyó que Hitler había sido envenenado por uno de sus médicos, el doctor Stumpfegger, y que, ese mismo día había sido incinerado a las 18:30 horas.[3]

El relato de Hermann Karnau sobre el 1 de mayo es tan detallado que se descarta que se haya equivocado sobre el día o sobre el desarrollo preciso de los acontecimientos.

Las dos personas incineradas el 1 de mayo no pueden ser las dos personas que Erich Mansfeld vio el 27 de abril de 1945. También es evidente que, en los dos casos no se trata del matrimonio Hitler porque según las informaciones comúnmente admitidas, ellos habrían sido incinerados el 30 de abril de 1945. Más adelante hablaremos sobre la identidad real de los cadáveres que fueron incinerados, sin embargo, apuntemos que la historia de Hermann Karnau provocó una extraña reacción en Erich Kempka, el chofer de Hitler. El 4 de julio de 1945, Kempka hizo una segunda declaración.

Deposición complementaria de Erich Kempka,
el 4 de julio de 1945

Después de leer la deposición de Hermann Karnau, presentada el 30 de junio de 1945 por el secretario de Estado Mayor Daniel DeLuce en Montgomery-Quartier, yo explico:

Sé con certeza que la muerte de Adolfo Hitler y de Eva Braun, así como la cremación de los dos cadáveres, tuvieron lugar el 30 de abril de 1945. No puedo estar de acuerdo con

---

3. Desde 1933 Ludwig Stumpfegger era miembro de las SS. Como responsable del equipo de cirujanos, participó en los experimentos en mujeres polacas en Ravensbrück.

la declaración de Karnau según la cual él habría visto a Hitler vivo el 1 de mayo de 1945. Recuerdo precisamente que el SS-Standartenführer (coronel de las SS) Günsche me llamó por teléfono en el búnker para entregar la gasolina.

De esto concluyo que la incineración se llevó a cabo a las 15:00 horas. Es posible que Karnau haya observado otras cremaciones. En esta época, cada día yo debía llevar dos, tres, cuatro o cinco bidones de gasolina para quemar documentos importantes delante de la entrada del búnker.

Acepto una gran parte del relato de Karnau sobre la cremación, pero me opongo a una pequeña parte. No conocí personalmente a Karnau y nunca antes escuché su nombre.

No tengo ninguna razón para dudar de su nombre o de su existencia. Yo no conocía a todos los miembros del Servicio de Seguridad del Reich en el cuartel general del Führer. Tal vez Karnau era uno de los guardias que se encontraban a la salida del búnker, en el jardín de la Cancillería.

Este guardia debía estar presente durante la incineración. Debido a los disparos, él no podía estar presente en el jardín de la Cancillería del Reich, sino que debía encontrarse en la entrada del búnker. Debía estar cerca de las otras personas durante la incineración. Pienso que es imposible que Karnau haya podido reconocer al Führer por su bigote poco antes de la incineración. La parte superior del cuerpo de Hitler estaba completamente envuelta en una manta. Tampoco creo cuando el cuerpo fue puesto en el piso, la manta haya sido levantada por el viento, descubriendo la cabeza y el cuerpo. Únicamente se podían ver sus pies que sobresalían de 15 a 20 centímetros bajo la manta.

Se percibían los zapatos negros, los calcetines negros y el pantalón negro que el Führer llevaba usualmente. Como ya lo expliqué, solamente Eva Braun podía ser reconocida. Ella no estaba cubierta por una manta. Llevaba zapatos de tacón, tal vez con suela de hule. El cuerpo de Hitler se colocó sobre la espalda, como Karnau lo describió. Es verdad que las rodillas de Hitler estaban ligeramente plegadas. En comparación con la declaración de Karnau, recuerdo que Eva Braun también estaba colocada sobre la espalda y que su rostro estaba hacia arriba.

Recuerdo con precisión que el viento levantaba su falda y que se podían ver sus medias. La ubicación donde los dos cuerpos fueron colocados estaba alejada de tres a cuatro metros de la salida del búnker.

Hitler y Eva Braun fueron colocados uno al lado del otro. El cadáver de Eva estaba colocado desde el punto de vista de Hitler, en una esquina. Visto desde la salida del búnker, el cadáver de Hitler estaba a la izquierda y el de Eva a la derecha. La declaración de Karnau según la cual el doctor Stumpfegger estaba presente en la incineración de Hitler y de Eva Braun parece correcta.

En mi declaración del 20 de junio de 1945 afirmé que el SS-Sturmbannführer (mayor de las SS) Heinz Linge y un corresponsal militar llevaban el cuerpo de Hitler. Dado que el doctor Stumpfegger declaró muertos a Hitler y Eva Braun, ahora pienso que la persona que tomé por un corresponsal militar pudo haber sido el doctor Stumpfegger.

La declaración de Karnau según la cual el doctor Stumpfegger, asistente y sucesor del doctor Morell, debió envenenar a Hitler y a Madame Eva Braun, desde mi punto de vista, no es correcta. Yo vi una cicatriz en el cuerpo de Eva Braun, así como las dos armas, ya descritas, en el refugio de Hitler.

Además, el SS-Standartenführer (coronel de las SS) Otto Günsche me explicó que, después de la incineración de los dos cuerpos, la alfombra del refugio de Hitler había sido quemada, porque estaba cubierta por una gran mancha de sangre. Según como lo recuerdo, esto también sucedió el 30 de abril de 1945. Yo no estaba presente.

Adapto mi testimonio sobre la página 6 de mi declaración del 20 de junio de 1945 por un recuerdo tardío y explico haber llevado el cuerpo de Eva Braun a través de varias habitaciones del búnker hasta el pie de la escalera, donde un oficial de las SS lo tomó y lo colocó afuera, al lado del de Hitler.

Grabación nº 8

Juez Gerhard Hergesell

En una declaración posterior, Erich Kempka admitió que tenía los nervios a flor de piel cuando Hitler y Eva Braun se retiraron al refugio de Hitler para suicidarse. Afirmó haber salido del búnker y que cuando regresó, Hitler y Eva Braun ya estaban muertos. A su regreso, los dos cuerpos ya habían sido subidos al piso de arriba para ser incinerados.[4]

Dado que el informe del testimonio de Mansfeld y de Karnau no concuerda con la realidad, los británicos y Trevor-Roper construyeron junto a los estadounidenses, un verdadero castillo de naipes sobre el testimonio de Erich Kempka. Las divergencias entre sus dos declaraciones fueron ignoradas:

¿Eva Braun fue herida?

Erich Kempka (20 de junio de 1945)   - no herida.

Erich Kempka (4 de julio de 1945)   - herida.

---

4. Entrevista con Erich Kempka del 2 de diciembre de 1953.

¿Erich Kempka llevó el cuerpo de Eva Braun?

Erich Kempka (20 de junio de 1945)   - si.

Erich Kempka (30 de julio de 1945)   - no.

El 1 de noviembre de 1945, Trevor-Roper dio una conferencia de prensa en Berlín, donde anunció los resultados de la investigación. Éstos mostraron que Hitler se suicidó el 30 de abril de 1945 a las 15:30 horas, y que Eva Braun murió con él.

En marzo de 1947, el informe de Trevor-Roper fue publicado en forma de libro, *Hitler letzte Tage* (*Los últimos días de Hitler*). La obra tenía como objetivo revelar el secreto sobre la muerte de Hitler para terminar con las especulaciones. Sin embargo esto no sucedió así. El libro estaba salpicado de innumerables incoherencias y mentiras. Por esta razón no podemos aceptar simplemente la historia convencional de la muerte de Hitler.

Dado que pueden ser consultados los archivos de las declaraciones de varios testigos que estuvieron en las cárceles soviéticas, hoy podemos comparar un gran número de deposiciones. Éstas ofrecen una prueba irrefutable de lo que realmente sucedió.

Disponemos de fuentes originales. En el año 2005, apareció *Hitler's Death: Russia's Last Great Secret from the Files of the KGB*.[5] La obra, escrita por V. Vinogradov, J. Pogonyi y N. Teptzov, con prefacio de A. Roberts, se basa en una serie de archivos del gobierno ruso.

---

5. Vinogradov, Pogonyi y Teptzov, *Hitler's Death: Russia's Last Great Secret from the Files of the KGB*, (La muerte de Hitler, el último gran secreto de Rusia según los archivos de la KGB), Londres, [Chaucer], 2005, p. 33.

Durante años, los soviéticos fueron hostiles a la versión del suicidio de Hitler. En *Hitler's Death*, por primera vez, intentaron probar que Hitler se había suicidado el 30 de abril de 1945, y que su cuerpo fue incinerado en el jardín de la Cancillería del Reich.

Estudiamos los documentos puestos a disposición por los archivos del Estado soviético de manera cronológica y los comparamos con otras fuentes de este período. El resultado es que las investigaciones de los soviéticos sobre la muerte de Hitler se basaban en declaraciones inventadas y contradictorias. Como en el caso de Trevor-Roper, importantes informaciones y declaraciones fueron ignoradas o alteradas.

Informes de los testigos en las cárceles soviéticas

Cuando el 3 de mayo de 1945 el ejército rojo tomó Berlín, muchos colaboradores allegados a Hitler cayeron en manos de los soviéticos. Entre el 12 y el 30 de mayo de 1945, ellos contaron a las autoridades soviéticas sus respectivas versiones sobre el destino de Hitler.

Wilhelm Mohnke
SS-Brigadeführer (mayor general de las SS)

El SS-Brigadeführer (mayor general de las SS) Wilhelm Mohnke fue uno de los primeros oficiales en incorporarse al Estado Mayor de la guardia personal de Hitler, en Berlín. En los últimos días del III Reich, Hitler lo había promovido a comandante de una poderosa tropa de cuatro mil hombres. Tenían la misión de cuidar el búnker del Führer y el barrio del gobierno. Contaban con el apoyo de la Wehrmacht, así como de los miembros de las Juventudes Hitlerianas que estaban bajo la dirección de Arthur Axmann.

Mohnke afirmó que no sabía nada:

"Yo no vi el cadáver de Hitler y no sé qué pasó."

Después de varias horas de audiencia se mantuvo en su declaración. Sin embargo, Mohnke no decía la verdad. Él desempeñó un papel esencial en la huída de Hitler, el 30 de abril de 1945. Este tema será analizado más adelante.

Entre los testigos más importantes de la muerte de Hitler y de su incineración se encontraban el SS-Oberssturmbann-führer (teniente coronel de las SS) Harry Mengershausen, el SS-Brigadeführer (mayor general de las SS) Johann Rattenhuber (responsable del Servicio de Seguridad del Reich), el SS-Oberscharführer (sargento mayor de las SS) Rochus Misch, el SS-Sturmbannführer (mayor de las SS) Heinz Linge y el SS-Standartenführer (coronel de las SS) Otto Günsche, prisioneros de los soviéticos.

El SS- Oberssturmbannführer Harry Mengershausen

El teniente coronel de las SS, Harry Mengershausen pertenecía a la guardia personal de Hitler. Si algunos afirmaron que la incineración de Hitler y de Eva Braun se habría llevado a cabo entre las 15:00 y las 16:00 horas, Mengershausen afirmó que fue testigo de ella hacia las 12:00 horas.

Dio numerosos detalles que no se encuentran en los otros testimonios. Y si algunos todavía afirmaban que la parte superior del hombre estaba en una manta, de modo que apenas se veía su pantalón negro, sus calcetines y sus zapatos, Mengershausen relataba haber visto el rostro de Hitler.

Declaración de Harry Mengershausen del 12 de mayo de 1945

"Cuando Hitler fue llevado al exterior, yo vi el perfil de su rostro: sus ojos, su cabello y su bigote."

Mengershausen dio también una descripción del vestido de Eva Braun:

"Un vestido negro con motivos de rosas."

Contó después que solamente cuatro personas habían participado en la incineración:

"Salvo Günsche y Linge, nadie estaba presente en la incineración del cadáver de Hitler y de su esposa. Los cuerpos fueron enterrados por dos hombres de la guardia personal de Hitler."[6]

Según las indicaciones de Mengershausen, a diferencia de los testimonios de Kempka, Bormann y Goebbels estaban ausentes.

Como en el caso de Erich Mansfeld y de Hermann Karnau, se tiene la impresión de que Mengershausen menciona una incineración que no tiene nada que ver con el informe oficial.

---

6. V. Vinogradov, J. Pogonyi y N. Teptzov, *op. cit.*, pp. 72-178.

Johann Rattenhuber
**Haupt Reichssicherheitsdienst SS-Brigadeführer (jefe de la
Guardia para Servicio Especial SS y mayor general de las SS)**

El SS-Brigadeführer Johann Rattenhuber era comandante de la unidad independiente del Servicio de Seguridad del Reich: una unidad que contaba con 400 SS armados que cuidaban el búnker de Hitler. Era imposible penetrar o salir del búnker sin ser controlado y registrado por este personal. Rattenhuber indicó haber asistido a dos incineraciones diferentes.

Incluso si no recordaba detalles, se acuerda perfectamente de que Mengershausen estaba presente en una de esas incineraciones.[7] En cambio recuerda que el 30 de abril, él había ordenado al SS-coronel Franz Schädle y a otros tres SS enterrar los restos de dos cadáveres incinerados en el jardín. De la muerte de Hitler, él no sabía nada. El informe de Rattenhuber al ejército soviético abarcaba una multitud de pequeños detalles relativos a dos incineraciones. Sin embargo, los soviéticos no tenían nada más.

---

7. V. Vinogradov, J. Pogonyi y N. Teptzov, *op. cit.*, p. 196.

El SS-Oberscharführer (sargento mayor de las SS) Rochus Misch era uno de los hombres de confianza de Hitler. Junto con los miembros de la guardia, él era el único en el búnker del Führer que llevaba un arma. Trabajaba como mensajero, radiotelegrafista y telefonista para el Führer. Y, como todos los demás cercanos colaboradores de Hitler, era también su guardaespaldas. En su libro *Der letzte Zeuge – Ich war Hitlers Telefonist, Kurier und Leibwächter* ("El último testigo – Yo fui telefonista, mensajero y bodyguard de Hitler"), publicado en el año 2008, se menciona claramente que toda su vida estuvo cautivado por Hitler. Sus declaraciones nunca fueron publicadas durante su cautiverio en Rusia.

En el año 2006, tuve una larga conversación telefónica con Rochus Misch, transcrita en este resumen:

El 30 de abril a las 11:00 horas, escuché a Hitler decir en el pasillo de la sala de conferencias (Plano del búnker nº 5, p. 79) que insistía en ser incinerado. Él no quería tener el mismo destino que Mussolini, colgado y lapidado por la multitud. Más tarde el mismo día, estaba en el pasillo de conferencias. Iba yo a desayunar cuando escuché a alguien exclamar: "¡Linge, Linge, creo que ya está!"

No escuché ningún disparo. Martin Bormann ordenó a alguien quedarse tranquilo. Esperamos todavía una media hora hasta que Heinz Linge abrió la puerta del salón de Hitler (Plano del búnker nº 8, p. 79). Martin Bormann abrió la puerta de la oficina de Hitler (Plano del búnker nº 7, p. 79).

Desde donde yo estaba, debía inclinarme para ver algo. Vi a Hitler muerto en una silla. Eva Braun estaba sentada, muerta sobre el sofá, con las piernas plegadas. Sus zapatos estaban bajo el sofá. Recuerdo todavía muy bien que ella llevaba un vestido azul con cuello blanco y fondo.

Pregunté a los demás si no sería preferible informar al SS-coronel Schädle. Ellos accedieron.

¡Misch no quería perder su desayuno!

Poco después, mientras corría por el pasillo del pasaje Kannenberg para ir a desayunar, me sentí atrapado por un extraño sentimiento de miedo. Sentía que era importante regresar a la habitación donde estaban los cuerpos. Vi a Hitler tendido sobre el piso. Alguien había envuelto su cuerpo en una manta. Al poco rato ellos llevaron su cuerpo al exterior.

Heinz Linge
SS-Sturmbannführer (mayor de las SS)

El SS-Sturmbannführer (mayor de las SS) Heinz Linge era el mayordomo personal de Hitler, quien lo escogió después de su capacitación en la escuela de hoteleros en Múnich. Trabajaba desde hacía años como botones en el cuartel general Wolfsschanze en Rastenburg, así como en el búnker del Führer, y estuvo presente durante los últimos días del III Reich. Atendía personalmente a Hitler, se ocupaba de sus compras y asistía a las personas que convocaba el Führer. Linge también cumplía la función de oficial de protocolo. Él es uno de los más importantes testigos de los últimos días de Hitler.

El 2 de mayo de 1945, Heinz Linge fue hecho prisionero.[8] Sus declaraciones nunca fueron publicadas por los rusos. Después de su liberación, dio la siguiente entrevista.

Entrevista con Heinz Linge del 9 de febrero 1956

"Cuando entré en el salón de Hitler (Plano del búnker n° 8, p. 79), con el Reichsleiter Martin Bormann, olía a pólvora. Enseguida abrimos la puerta de la oficina y vimos los cuerpos de Hitler y de Eva Braun sentada sobre el sillón, dispuestos contra el muro situado frente al salón."

Es notable que Linge, entonces detenido en Rusia, haya hecho la siguiente declaración al médico responsable de la Wehrmacht, Walter Schreiber:

"Yo no vi a Hitler. Sin embargo, vi dos cuerpos envueltos en una alfombra que fueron subidos del búnker."

Heinz Linge también explicó a Schreiber:

"En aquel momento supuse que eran los cuerpos de Hitler y de Eva Braun, lo que me fue confirmado más tarde."[9]

Esta declaración es tanto más sorprendente cuanto que otros testigos dijeron que Linge era uno de los hombres que habían llevado los cuerpos al exterior. Además, Linge afirmó que los cuerpos no estaban en una manta, sino enrollados en una alfombra.

---

8. Heinz Linge fue detenido por el ejército rojo, después fue liberado en 1955. Falleció en Bremen en 1980.

9. *Persons Who Should Know Are Not Certain Hitler Died in Berlin Búnker* ("Las personas que deberían saberlo no están seguras de que Hitler murió en el búnker, en Berlín"), en *Long Beach Press-Telegram*, California, 10 de enero de 1949, B-12.

El SS-Standartenführer Otto Günsche había hecho carrera en la Waffen-SS. Combatió en la división de tanques de la SS-Leibstandarte. En febrero de 1944, entró al Estado Mayor de Hitler y era uno de sus hombres de confianza.

Otto Günsche
SS-Standartenführer (coronel de las SS)

Declaración de Otto Günsche
del 17 de mayo de 1945

Cuando Hitler y Eva Braun se retiraron, me quedé delante del salón de Hitler (Plano del búnker nº 8, p. 79). Después de algunos momentos, vi a Heinz Linge y a Martin Bormann abrir la puerta de la oficina de Hitler y entrar. Los seguí. No escuché ningún disparo. Vi que Hitler y Eva Braun estaban muertos. Hitler tenía una herida de bala y Eva había muerto después de tomar veneno. El cuerpo de Hitler estaba sentado a la izquierda sobre una silla y el cuerpo de Eva Braun sobre el sofá.

Günsche no dijo dónde estaba la herida. ¿Cómo podía saber que Eva Braun estaba muerta por envenenamiento en ese momento? Günsche se encontraba delante del refugio de Hitler, en el estrecho pasillo que lleva a la sala de conferencias (Plano del búnker nº 5, p. 79).

Declaración del general Walter Schreiber

Durante su largo período de cautiverio en dos campos de guerra soviéticos, en Strausberg y Poznan, el ex responsable médico de la Wehrmacht, Walter Schreiber, tuvo la oportunidad de entrevistarse con varias personas que estuvieron en el búnker cuando el ejército rojo entró en Berlín.

General Walter Schreiber

Aunque Schreiber no había conseguido informaciones sobre el destino de Hitler por parte del general Wilhelm Mohnke, arrogante, según él, Mohnke estaba dispuesto a hablar.

Otto Günsche estaba dispuesto a hacer su relato. Se observa que según él, nunca vio el cuerpo de Hitler. Günsche agrega razones misteriosas:

"Todo se hizo sin nosotros."[10]

---

10. "Persons Who Should Know Are Not Certain Hitler Died in Berlin Bunker", en *Long Beach Press-Telegram*, California, 10 de enero de 1949, B-12.

El general Helmut Weidling aportó la prueba; el 4 de enero de 1946 contó a los soviéticos:

"Después de mi encarcelamiento, hablé con Günsche. Él me dijo que no sabía nada de la muerte de Hitler."[11]

Las declaraciones hechas por Günsche y Heinz Linge, los dos principales testimonios que han permitido establecer la versión oficial del suicidio y de la incineración de Hitler, ¿Son todavía creíbles?

Cabe recordar: Erich Kempka reconoció también que tenía los nervios a flor de piel y que había salido corriendo del búnker en el momento en que el matrimonio Hitler se había suicidado de un disparo en la oficina. Él regresó cuando Hitler y Braun ya estaban muertos y los cuerpos habían sido subidos del búnker para ser incinerados.[12]

¿Cómo saber la verdad?

Declaraciones contradictorias de los colaboradores directos de Hitler

¿El cuerpo de Hitler estaba envuelto en una manta o en una alfombra?

| Otto Günsche | - dos cadáveres en una alfombra |
| Otros testigos | - un cadáver en una manta. |

¿Eva Braun llevaba zapatos?

| Erich Kempka | - si |
| Rochus Misch | - no |

---

11. V. Vinogradov, J. Pogonyi y N. Teptzov, *op. cit.*, p. 238.
12. Entrevista con Erich Kempka del 2 de diciembre de 1953.

¿El rostro de Hitler era visible en el momento de su incineración?

| Mengershausen | - si |
| Otros testigos | - no |

¿Se escucharon disparos?

Rochus Misch	- no
Traudl Junge	- si
Otto Günsche	- no
Arthur Axmann:	- si
Erich Kempka	- no
Dr. Neumann	- si

¿De qué color era el vestido de Eva Braun?

Hermann Karnau	- un vestido negro con rosas
Rochus Misch	- un vestido azul con cuello blanco
Erich Kempka	- un vestido oscuro

¿En qué parte del rostro de Hitler se encontró el impacto de la bala?

Traudl Junge	- en la cabeza
Artur Axmann	- en la boca
Rochus Misch	- rostro sin herida
Otto Günsche	- una pequeña herida por encima del ojo derecho

¿Qué día fueron incinerados Adolfo Hitler y Eva Braun?

Erich Mansfeld	- 27 de abril de 1945
Erich Kempka	- 30 de abril de 1945
Hermann Karnau	- 1 de mayo de 1945

¿Los cuerpos fueron incinerados totalmente hasta quedar reducidos a cenizas?

Otto Günsche	- no
Otros testigos	- no
Günsche (más tarde)	- si
Hermann Karnau	- si

Esta lista podría ser más extensa para mostrar las diferencias de testimonios, principalmente sobre la posición de los cadáveres, sobre la persona que llevó los cuerpos, también sobre el día en que el Führer y su esposa fueron vistos todavía con vida.

Doctor Helmut Kunz

El 7 de mayo de 1945, el doctor Helmut Kunz, que trabajaba en el consultorio dental de la Cancillería del Reich, fue hecho prisionero por los soviéticos.

Durante su interrogatorio, Dr. Kunz afirmó que había visto a Eva Braun el 30 de abril en la noche jugando con los hijos de Goebbels. Además afirmó que poco después, cerca de las 22:30 horas, él, dos secretarias de Hitler, el profesor Werner Haase y Eva Braun tomaron café juntos, reunión durante la cual ella mencionara a los presentes que Hitler aún estaba vivo.

Oficialmente Adolfo Hitler y Eva Braun pusieron fin a sus vidas el 30 de abril de 1945 (cerca de las 15:30 horas). Sin embargo, según Kunz, siete horas después del supuesto suicidio de la pareja, el matrimonio estaba aún vivo.

Los colaboradores cercanos de Hitler afirmaron siempre que el cuerpo del Führer no debía caer en manos del enemigo. Por eso es muy extraño que Hitler fuera incinerado en el jardín de la Cancillería, justo al lado de la salida del búnker. Es lógico que en ese lugar, los soviéticos encontraran el cuerpo de Hitler inmediatamente.

Además no se sostiene la afirmación según la cual el cuerpo de Hitler descansaba con el de Eva Braun. Para que el cuerpo de Hitler no cayera en manos de los soviéticos, habría sido necesario no enterrarlo al lado del de Eva Braun, sino en otro lugar.

La inhumación de los cuerpos uno junto al otro permitía identificar a los difuntos. Por eso, debemos suponer que este procedimiento fue escogido para hacer creer que se trataba del cuerpo de Hitler. En efecto, enterrando juntos los dos cuerpos, se hacía plausible el escenario de la muerte de Hitler.

Sin el cadáver de una mujer habría sido difícil creer en el suicidio de Hitler[13]. La farsa habría sido descubierta y se habría iniciado la persecución para encontrar a Hitler. Era necesario demostrar que Hitler efectivamente se había suicidado voluntariamente.

La teoría del suicidio de Adolfo Hitler puede ser justificada de varias maneras. Si Hitler hubiera logrado escapar, se

---

[13]. No sabemos si el cadáver era de Eva Braun. En Berlín era fácil encontrar cadáveres de mujeres en la calle.

habrían iniciado investigaciones. Las élites del poder que se esconden detrás de Hitler habrían corrido el riesgo de que él fuera hecho prisionero y traicionara secretos tales como su origen, su capacitación en el Instituto Tavistock, el financiamiento del III Reich y muchos otros aspectos que explicarían su ascenso.

Como estaba previsto, la muerte de Hitler puso fin a la alianza militar entre Estados Unidos y la Unión Soviética. La muerte de Hitler iniciaba una nueva fase prevista: la "guerra fría".

El III Reich constituye un hito en la historia. El objetivo último de la élite mundial (Rothschild, Rockefeller, etc.) es dominar a todas las naciones. Ellos trabajan en una dictadura mundial a la que atribuyeron el elegante nombre de Nuevo Orden Mundial.

En su biografía, *Memoirs*, David Rockefeller escribe:

"Algunos creen incluso que formamos parte de una organización secreta que trabaja contra los mejores intereses de Estados Unidos, nos califican a mi familia y a mí como internacionalistas que conspiramos con otros alrededor del mundo para construir una estructura política y económica mundial más integrada, solo un mundo, si usted quiere. Si esta es la acusación, me declaro culpable, y estoy orgulloso de serlo."[14]

Este esquema, que se aceleró después de la Segunda Guerra Mundial, ahora consigue sus fines. La "transición" o el "cambio de paradigma" anunciado desde hace mucho tiempo por los políticos y la prensa son inminentes.

La "transición" no es el establecimiento de una nueva sociedad con un nuevo modo de vida, sino la implantación

---

14. David Rockefeller, *Memoirs* (Memorias), Toronto, 2003, p. 405.

de una dictadura tecnocrática. Más adelante regresaremos a este punto.

Si observamos todos los relatos sobre el suicidio de Hitler y su incineración, constataremos que no coinciden. Es imposible disociar el trigo de la paja, los verdaderos de los falsos testimonios. Por las numerosas historias contradictorias es prácticamente imposible saber a cuál prestarle atención. La verdad está escondida en una maraña de mentiras y de verdades. Estamos frente a un extraordinario montaje que para la mayoría de nosotros, sigue pendiente de verificación. .

Capítulo 7

Los dobles de Hitler

No hay ninguna duda de que durante los últimos días del III Reich se llevaron a cabo varias incineraciones en el jardín de la Cancillería. Algunos testigos los cuales la mayoría eran miembros del Servicio de Seguridad del Reich (RSD), asistieron a ellas. Deliberadamente se les hizo creer que se trataba de la incineración de Adolfo Hitler y de Eva Braun.

Los pocos informes disponibles y confiables sobre la incineración provenían de los miembros del Servicio de Seguridad del Reich (RSD). Sus testimonios muestran claramente que hubo cuatro incineraciones, durante las cuales se dijo a las personas presentes que se trataba de los cadáveres de Hitler y de Eva Braun. Las incineraciones tuvieron lugar entre el 27 de abril y el 1 de mayo cerca de la Cancillería. Y en cada ocasión, el cuerpo del hombre llevaba un pantalón como los de Hitler y el cadáver de la mujer hacía pensar en Eva Braun. Es evidente que muchos testigos aceptaron que se trataba de los cadáveres de Adolfo Hitler y de Eva Braun. Ahora bien en realidad constatamos que nadie pudo certificar cuál incineración vio. ¿De dónde provenían los cadáveres incinerados?

En el marco de este libro, es importante mencionar que no solamente Hitler, sino también otras personalidades que pertenecían a la élite del III Reich, disponían de varios dobles. A mediados de la década de los años treinta, la Gestapo organizó un concurso de dobles de los miembros importantes del régimen nacionalsocialista. La Gestapo controló el origen de los candidatos y optó por los hombres casados con hijos ya que eran fácilmente manipulables.

Todos los dobles debían jurar silencio absoluto. Su indiscreción podía costarles la vida o la de su familia.[15] Algunos dobles fueron sometidos a una intervención quirúrgica estética para perfeccionar su semejanza.

Actualmente el hecho de que Hitler tenía dobles ya no se cuestiona por parte de la mayoría de los historiadores. Los dobles de Hitler eran tan convincentes que su "verdadera identidad" no podía ser objeto de ninguna duda. Hermann Göring, Martin Bormann y todos los demás responsables del III Reich tenían dobles.[16] El único que no lo tenía era Goebbels, quien cojeaba por una malformación en su pié.[17]

En su libro *I was the Hitler's Maid* (*Yo fui la camarera de Hitler*) (1940) la autora, Pauline Kohler, recuerda que cinco dobles de Hitler estaban sentados a la mesa de su cocina. Todos tenían oficios modestos y eran hombres simpáticos que hablaban de sus hijos. Eran padres de familia obligados a trabajar al servicio de Hitler.[18]

El doble más conocido era un pariente lejano de Hitler. Él era el retrato perfecto del Führer. Estaba presente en el búnker desde el 23 de abril de 1945. Según el general Müller, Martin Bormann, Heinz Linge y Rattenhuber conocían la existencia de este doble. Mientras que Hitler se escondía, tuvieron cuidado de que apareciera lo menos

---

15. Greg Hallet, *Hitler was a Brithish Agent*, Auckland [Nueva Zelanda], [FNZ], 2006, p. 105.
16. El Reichsmarschall Hermann Göring fue el responsable de la creación de la Gestapo y del primer campo de concentración.
17. Greg Hallet, *op. cit.*, p.103.
18. *Ibid.*, p. 104.

posible ante las demás personas.[19]

No obstante el doble sorprendió a los no iniciados en este secreto. Muchos elementos propios de Hitler no podían ser reproducidos por su doble. Por ejemplo entre los detalles más disonantes, éste último llevaba otro par de anteojos, seguía otra dieta y tenía otro ritmo de sueño. Además las directrices militares que pronunciaba eran cortas, muy evasivas y superficiales. Hitler parecía transformado. Se mostraba débil y sin fuerza. Por otro lado, muchos oficiales y colaboradores notaron que la oficina de Hitler ya no estaba vigilada, lo que era muy raro. Esta habitación siempre estaba vigilada por dos centinelas.[20]

El pariente lejano de Hitler

19. Los restos de alimentos hallados en el escondite de Hitler (Plano del búnker nº 47, p. 79) indicaron que Hitler permaneció varios días escondido.
20. Sven Peters, Hitler *Flucht – Geheime Reichssache* (*La huida de Hitler, el secreto del Reich*), [Marktoberdorf], Argo Verlag, 2009, p. 75.

Otros dobles de Hitler conocidos eran su chofer preferido, Julius Schreck; el popular actor Andreas Kronstaedt, así como el taquígrafo Heinrich Berger y Gustav Weler.

Julius Schreck   **Andreas Kronstaedt**

Andreas Kronstaedt

Andreas Kronstaedt viajó a Praga en lugar de Hitler. Miró la ciudad desde el tercer piso del castillo de Praga, a 17 metros sobre la calle. Se quedó ahí parado como un mal actor, sin saludar o dirigir una señal cuando pasó el desfile militar.[21]

Heinrich Berger

Heinrich Berger sin bigote

---

21. Greg Hallet, *op. cit.*, p. 103.

El oficial Claus Philipp Maria Schenk Graf von Stauffenberg colocó una bomba bajo la mesa de Hitler el 20 de julio de 1944. La bomba hizo enormes daños. Heinrich Berger enseguida fue transportado al hospital y fue operado. Se le amputaron las dos piernas, aunque poco después muriera.

Gustav Weber

Los restos del difunto que debía hacerse pasar por Hitler, eran de Gustav Weler, cuyo cadáver incinerado el 4 de mayo en el jardín de la Cancillería fue encontrado por los soviéticos.[22] Probablemente fue el rostro de este cadáver el que percibieron Mengershausen y Karnau.

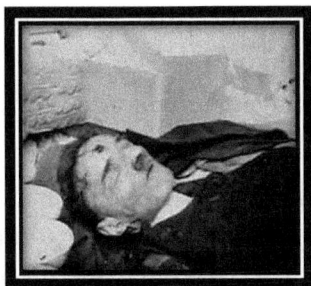

Gustav Weber

Gustav Weler no era el único doble. Las últimas semanas del III Reich había varios dobles en la Cancillería del Reich. Los soviéticos encontraron muertos a la mayoría de ellos. Algunos pudieron escapar a Argentina, Malta y Long Island.[23]

---

22. Giordan Smith, "Fabricating the Death of Adolf Hitler" ("La fabricación de la muerte de Adolfo Hitler"), *Nexus* [Australia, vol. 15, nº 1], diciembre de 2007 y enero de 2008.
23. El doble que desde Hamburgo huyó con su esposa a Argentina era más pequeño que Hitler y había sido operado de cirugía plástica del rostro.

A principios de 1945, la magnitud del engaño por medio de los dobles se volvió evidente cuando se descubrió que en el búnker había varios cadáveres que llevaban, todos, el traje de Hitler.

El 9 de junio, en una conferencia de prensa ante periodistas británicos, estadounidenses, franceses y rusos, el comandante soviético de Berlín, el general Nicolai E. Bezarin, afirmó:

"Hemos encontrado varios cuerpos en la Cancillería que llevaban el nombre del Führer en su ropa. Debía tratarse de una broma. Y cuando yo encontraba un traje, siempre decía: 'Es de Hitler'."[24]

Joseph W. Grigg, un periodista de guerra estadounidense, anunció el 15 de mayo de 1945 que en las ruinas de la Cancillería seis cadáveres quemados correspondían más o menos a la descripción de Hitler.

Los aliados y Hugh Trevor-Roper rechazaban la hipótesis de que un doble de Hitler fue quemado en lugar de éste. Trevor-Roper afirmaba que faltaba tiempo para transportar al interior y de nuevo al exterior del búnker el cadáver del doble de Hitler.

Como lo veremos, el factor tiempo no puede ser considerado como argumento. Trevor-Roper intentó adelantar argumentos para una situación de la que no tenía ningún conocimiento.

Los colaboradores permanentes de Hitler lo adoraban y hacían todo por su Führer. Y, en este sentido, afirmaban a los aliados lo que estaban muy dispuestos a escuchar.

---

24. *The Globe and Mail* [Toronto, Canadá], 9 de mayo de 1945.

Der letzte Zeuge (*El último testigo*), de Rochus Misch, demuestra con toda claridad cómo se intentó reajustar, una y otra vez, revelaciones que contradecían la veracidad de los informes. La credibilidad de la historia debía ser mantenida a toda costa.

El libro de Rochus Misch otorga la mayor importancia a la existencia de los dobles. Ningún detalle es descuidado. El cuerpo de un doble que se descubrió en el jardín según su versión, pertenecía a uno de los dos polacos que se encontraron en el jardín de la Cancillería. Los polacos habrían sido accidentalmente testigos de una incineración y fueron ejecutados por el Servicio de Seguridad del Reich (RSD).

Según Misch, por casualidad uno de ellos tenía bigote, parecido al de Hitler.[25] Puesto que el polaco usaba calcetines zurcidos, ese cadáver no podía ser el de Hitler.[26]

Uno de los supuestos polacos era tal vez un fan de Hitler, porque llevaba el mismo bigote que el Führer. ¿Dos ciudadanos polacos en el jardín de la Cancillería? Es difícil reconocer que esta historia sea creíble. ¿De dónde provenían los polacos? El SS-Rittmeister (capitán de caballería de las SS) Gerhardt Boldt aseguró que era imposible acercarse a la Cancillería o a la salida de emergencia del búnker del Führer. En todas partes había centinelas. No se podía dar ni un solo paso sin ser detenido. Se podía entrar solamente acompañado de un guardia.[27]

---

25. Rochus Misch, *Der letzte Zeuge* (*El último testigo*), [Múnich], Pendo Verlag, 2008, p. 20.
26. Comunicación telefónica con Rochus Misch (2006).
27. Sven Felix Kellerhoff, *Mythos Führerbunker*, Berlín, [Giebel], 2003, p. 58.

Como todos los demás colaboradores cercanos a Hitler, Misch intentó esconder varios elementos. Misch adaptó su relato a lo largo de la historia: se acordaba del lugar donde estaban los zapatos de Eva Braun pero olvidó si el cadáver de Hitler estaba sentado sobre la silla o sobre el sofá.

El libro de Misch es tan bello y apasionante que en lo que se refiere al suicidio de Hitler es preferible mantenerse escéptico.

La única posibilidad para los que desean ofrecer en una bandeja la teoría del suicidio de Hitler en los informes oficiales, es ignorar la incoherencia de los diferentes testimonios. Ahora bien, sería mucho más sensato hacer preguntas sobre las razones de la cremación de varios cadáveres. Se dijo a los guardias y a los otros testigos que se trataba de los cadáveres de Hitler y de su esposa. ¿Por qué se empleó tal fastuosidad para ocultar todo? Si Hitler quería suicidarse, ¿por qué entonces todos esos esfuerzos? ¿Por qué varios cadáveres llevaban el traje de Hitler con su nombre? ¿Cuáles eran los objetivos reales de tal montaje teatral? ¿Cuál era el fundamento para la presencia de los dobles?

Todos los colaboradores cercanos de Hitler conocían la existencia de los dobles. A pesar de saberlo no dijeron ninguna palabra sobre el papel de éstos en su declaración. ¡Aún más: las declaraciones de los presuntos testigos del suicidio de Hitler y de Eva Braun son contradictorias! ¿Se trataba también de desalentar toda intención de llevar a cabo una investigación? No hay ninguna duda de que se han ocultado las verdaderas condiciones de la muerte de Hitler. Lo principal era hacer creer en el suicidio del Führer.

Como ya se mencionó, Hitler era muy apreciado por sus colaboradores. El 28 de julio de 2001, en una entrevista exclusiva concedida a *The Guardian*, la enfermera de Hitler, Erna Flegel, menciona sobre sus últimos días en el búnker:

"Hitler tenía una personalidad extraordinaria. Siempre era educado y encantador. Verdaderamente no se podría decir nada malo sobre él. Trataba con mucha paciencia a los niños de Goebbels. Tomaba con ellos chocolate caliente y les permitía utilizar su baño privado."

Hitler mostraba interés en las personas que lo rodeaban; si alguna estaba enferma, hacía que su médico personal la auscultara. A las parejas que estaban comprometidas, regularmente les daba días de descanso. Cuando un miembro del personal se casaba, él pagaba un extra y ofrecía cajas de su mejor vino. Para los recién casados firmaba un seguro de vida de cien mil marcos.

La secretaria de Hitler, Traudl Junge, describía al Führer como una persona muy cálida. Ella veía en él a un padre que la trataba como a su propia hija.

Traudl Junge

En el expediente constituido en cuatro partes por la estadounidense Counter Intelligence Corps (CIC), Hitler no daba la apariencia de un monstruo. El CIC había identificado que daba regalos a los niños, detestaba los deportes violentos y a las personas fanáticas. Hitler era concienzudo y tradicional.

Pero asi mismo tenía muchos enemigos. Numerosos oficiales estaban en contra de la guerra. Uno de ellos era el conde Claus Philipp Maria Schenk Graf von Stauffenberg. Como jefe del Estado Mayor, al lado del general Friedrich Fromm, comandante del Ejército de Reserva y del Interior, participaba regularmente en las conferencias militares.

El conde Stauffenberg

El 20 de junio de 1944, fue convocado para formar parte del consejo del Estado Mayor, en el cuartel general de Wolfsschanze. En el último minuto, se desplazó la conferencia a una barraca de madera, a donde llegó uno de los dobles de Hitler (Heinrich Berger). Previamente, Stauffenberg había colocado en el lugar de Hitler un maletín lleno de explosivos. Stauffenberg dejó el lugar de la reunión y esperó la explosión a una distancia de 200 metros. Hubo muchos heridos, y la bomba mató a cuatro de los 22 participantes. ¡Dos de ellos se encontraban justo al lado del doble de Hitler!

Oficialmente, aunque Hitler se encontraba justo al lado de la bomba, no tuvo más que ligeras heridas, que desaparecieron al cabo de algunas horas. El Führer pudo reunirse con Mussolini, poco después del atentado. "¡Es imposible!", exclamaba Stauffenberg. Él juró haber visto cómo se llevaron a Hitler al exterior de la barraca destruida ya que estaba gravemente herido.[28]

Verdaderamente, Stauffenberg no había visto a Hitler sino a uno de sus dobles.

El general Wilhelm Keitel también estaba presente en la barraca y estaba al corriente en lo referente al doble de Hitler, pero no sabía dónde se encontraba en ese momento el verdadero Hitler. Después de la explosión de la bomba acudió al lado del doble, que estaba gravemente herido, preguntándole: "¿Dónde está el Führer?"[29]

El doble falleció poco después.[30]

Inmediatamente después del atentado, Hitler gritaba: "**¡Soy invulnerable, soy inmortal!**"

Y, retirándose, dijo:

"**Debemos irnos, Mussolini va a llegar.**"

---

28. Viktor Ullrich, Reichshauptstadt Berlin 1941-1945 (Berlín, capital del Reich 1941-1945), Kiel, [Arndt], 2010, p. 15.
29. Según informaciones que provenían del diario secreto del doctor Morell y de otros documentos. Los diarios de Morell desaparecieron en 1945, pero resurgieron en 1981 en los National Institutes of Health, en Maryland, Estados Unidos; después los transfirieron a los Archivos Nacionales.
30. David Irving, *Die geheimen Tagebücher des Dr. Morell – Leibarzt Adolf Hitlers* ((Los diarios secretos de Dr. Morell - Médico privado de Hitler), Múnich, [Goldmann], 1983, p. 161.

Durante su visita a los supervivientes en el hospital militar Karlshof unos días más tarde dijo:

"Esta es la cuarta vez en esta guerra que mis adversarios intentan asesinarme. Sin embargo, no lo han logrado ni una sola vez."[31]

31. *Ibid.*, p. 162.

Capítulo 8

Operación Testamento

En enero de 1946, el general Helmuth Weidling, quien entonces estaba internado en un campo para prisioneros en la Unión Soviética, hizo una extensa declaración en la que ponía en duda el suicidio de Hitler. Como muchos otros, él sabía que antes de la mañana del 2 de mayo de 1945 ningún ataque de la infantería se había producido en la Cancillería del Reich.[32] Él también había reflexionado sobre los problemas que Hitler habría encontrado, y llegó a la siguiente conclusión:

"En la noche del 30 de abril había suficientes posibilidades para escapar, ya sea por la estación del zoológico en el oeste o por la estación del norte, en el norte de Berlín. Habría sido muy fácil escapar por los túneles del metro."[33]

La Cancillería no fue atacada ni rodeada antes del 2 de mayo. Este día los primeros soviéticos habían avanzado hasta la vieja Cancillería.

Los soviéticos estaban concentrados principalmente para violar a las mujeres, cualquiera que fuera su edad. Más de 100 mil mujeres fueron violadas durante la toma de Berlín y 10 mil fueron asesinadas.[34]

---

32. Declaración de Erich Kempka del 20 de junio de 1945.
33. D. Marchetti, *The Death of Adolf Hitler – Forensic Aspects* ("La muerte de Hitler – aspecto legal") citado en *Journal of Forensic Sciences*, septiembre de 2005.
34. Testimonio de Anneke B., una antigua conocida holandesa del autor; ella se casó con un soldado de la Wehrmacht y vivía en Berlín. Durante la liberación de Berlín, ella fue violada 32 veces por los soviéticos.

Aqui debemos recordar que no sólo los soviéticos, sino también otros aliados actuaron como animales.

Según el testimonio dado al Senado de los Estados Unidos de América el 17 de Julio de 1945, las tropas coloniales francesas (tropas negras) dirigidas por el General Eisenhower, ingresaron a la ciudad alemana de Stuttgart, arriaron mujeres alemanas dentro de los subterráneos y violaron cerca de 2000. Un reportero de la policía militar "dudosamente confirmó la historia en todos sus detalles."[35]

Algunos meses antes del fin del III Reich, se decidió que era tiempo de adoptar las medidas para hacer desaparecer a Hitler detrás de una cortina de humo. Ellos, los que ayudaron a Hitler a llegar al poder, quisieron hacerlo pasar por muerto. Como ya se mencionó anteriormente, su origen, la capacitación realizada en el Tavistock, el patrocinio del III Reich y muchos otros puntos más, no debían ser descubiertos. Y más aún, no debía saberse que Hitler tenía por misión no ganar la guerra.[36]

Las élites del poder que estaban detrás del III Reich no querían que Hitler cayera en manos de los soviéticos. Como lo señala Helmuth Weidling, Hitler hubiera podido huir. Sin embargo, ese no era el plan. Si Hitler hubiera huido, se habría desatado una persecución y en ese caso, Hitler habría sido hecho prisionero, habría revelado los planes que obedecía y el poder oculto habría corrido el

---

35. *Peace Action*, July 1945.

36. Hasta la fecha, los historiadores no comprenden por qué en 1940, Hitler no atacó a Inglaterra. Aunque él podía tomarla en un rápido ataque, rechazó hacerlo. Él sabía que Inglaterra debía quedar libre. Sin embargo si él hubiera atravesado La Mancha, Alemania hubiera ganado la guerra. El ataque contra Rusia marcaba el fin programado del III Reich.

riesgo de que sus planes fueran descubiertos. Para evitar tal escenario, se decidió asesinar a Hitler. Con la ayuda de los servicios secretos británicos se organizó en 1944 un atentado en Obersalzberg.

En julio de 1998, los archivos secretos británicos (Public Record Office) fueron abiertos, entre ellos el expediente HS 6/624. De manera sorprendente, se encuentra en ese expediente no solamente la confirmación de la existencia de los dobles de Hitler, sino también el plan de una operación (Operation Foxley) programada por los servicios de información británicos (Special Operation Executive): un atentado en Obersalzberg.[37]

Pero, no era tan sencillo.

El diario *Berchtesgadener Anzeig* del 22 de octubre de 2008 menciona:

"En la operación publicada se observa evidentemente que los servicios secretos ingleses tenían conocimiento detallado de Berghof y de la zona prohibida. Los locales, las rutas y las costumbres eran perfectamente conocidas. Se estudiaron varias opciones de atentados. Por una parte, un atentado sobre el trayecto del Führer o sobre el cortejo de autos cuando él llegaba del castillo de Kleβheim. Finalmente, fue elegido un atentado en Obersalzberg."

¿Por qué se decidió hacerlo en Obersalzberg?

---

37. [Public Record Office (PRO), Londres, Reino Unido] Special Operation Executive (SOE) compuesto por la Section D, un grupo de sabotaje del departamento de M16, MI-R, una sección del informativo del departamento de guerra y Elektra House, un departamento secreto del Ministerio de Relaciones Exteriores.

El 8 de noviembre de 1939, en Bürgerbräukeller, la cervecería de Múnich, Georg Elser organizó un atentado con bomba para eliminar a Hitler y el grupo élite dirigente nacionalsocialista. Por motivos desconocidos, Hitler terminó su discurso más rápido y salió del lugar con su Estado Mayor 13 minutos antes de la explosión.

Los archivos de los servicios secretos ingleses informan que desde el atentado fallido de Georg Elser, Hitler ya no aparecía en público. A partir de 1939 se volvió un fantasma. Solamente en este entorno privado de Obersalzberg, era donde se podía estar seguro de que Hitler era realmente Hitler y que no se trataba de un doble. Por consiguiente, un atentado efectivo solamente era posible en Obersalzberg.

Fotografías en el expediente de Foxley relativo a Hitler, que entonces tenía 55 años, mostraban diferencias significativas en las imágenes sobre las apariciones de Hitler. Esta es la prueba indiscutible de que Hitler tenía varios dobles.[38]

El 28 de junio de 1944 se anuló la decisión de la operación Foxley. Estaba previsto que dos francotiradores de élite debían eliminar a Hitler durante su paseo diario. Sin embargo, la operación era muy discutida. En un documento de los archivos secretos se menciona el miedo de que este asesinato engendrara el mito de Hitler.[39] No obstante la decisión de esta operación se anuló demasiado tarde: en

---

38. Public Record Office (PRO), expediente HS 6/624, julio de 1998. *Cfr.* Ulrich Chaussy, *Nachbar Hitler : Führerkult und Heimatzerstörung am Obersalzberg* (*El vecino de Hitler: culto al Führer y destrucción de la patria*), Berlin, [Links], 2012, p. 240.
39. Public Record Office (PRO), expediente HS 6/624, julio de 1998.

este momento Hitler ya no se encontraba en Obersalzberg.[40]

Si se hubiera asesinado a Hitler éste se habría convertido en mártir ante los ojos del pueblo alemán. Y ese no era el objetivo de la élite oculta. Entonces para evitar ese escenario y para que no cayera en manos de los rusos y no hiciera revelaciones, era preferible hacer creer en su suicidio. Durante su huída, debía ser ayudado por los servicios secretos.

Además de un plan de huida de Hitler por avión, también estaba decidido movilizar al jefe de la Cancillería del Reich, Martin Bormann.

Reichsleiter Martin Bormann

Bormann estaba encargado de verificar personalmente la administración de todos los bienes en los países ocupados.

---

40. *Berchtesgadener Anzeig*, [Berchtesgadener], 22 de octubre de 2008, p. 5.

Administraba el botín de los nazis que consistía en joyería, diamantes, objetos de arte, cuadros de todos los grandes maestros, así como otros tesoros que provenían de las zonas ocupadas. Este tesoro se encontraba en cuentas en Suiza y en Argentina. Obviamente había códigos para todas las cuentas secretas.[41]

Operación Testamento era el nombre del plan de evasión de Hitler. Los británicos le atribuyeron el nombre en clave de *Winni the Pooh*. La operación preveía la huida de Hitler del búnker el 30 de abril de 1945 y del territorio alemán el 2 de mayo de 1945.[42]

Con varios meses de antelación la huida de Hitler fue programada por el comandante Desmond Morton perteneciente a la sección M de los servicios secretos británicos, en colaboración con diferentes servicios secretos.[43]

La sección M fue fundada en 1932 por el comandante Desmond Morton y puesta bajo las órdenes del rey. Por instrucciones del rey, Morton rendía cuentas solamente al primer ministro británico. Las operaciones no eran controladas por el conjunto del gobierno británico que no tenía ningún poder de decisión sobre la sección M.

A finales de 1945 se estableció el entrenamiento de una unidad especial en Birdham Military Camp, al lado de Portsmouth.

---

41. Christopher Creighton, *Operation James Bond. Das letzte große Geheimnis des Zweiten Weltkriegs, (Operación James Bond. El último gran secreto de la Segunda Guerra Mundial)*, [Düsseldorf], Econ, 1996, p. 83.
42. Greg Hallet, *op. cit.*, p. 345.
43. Cuando Winston Churchill se volvió primer lord del Almirantazgo, interrumpió la sección M en la Marina.

La operación estaba bajo la responsabilidad de Ian Lancaster Fleming, el futuro inventor y escritor de James Bond.

Ian Fleming era el director adjunto de la sección M. Él había sido capacitado en el Royal Military College en Sandhurst, y fue reclutado más tarde por Montague Norman, presidente del Bank of England, de los Rothschild. Fleming era un agente secreto, trabajaba para Reuters en Moscú (1929-1933) y estudió alemán en Austria, Alemania y Suiza; trabajaba bajo la protección de un banquero y de un corredor de bolsa. Fleming también era comandante de una división de información de la marina británica y se había distinguido durante varias operaciones secretas.

Él era el asistente personal del director de la Naval Intelligence Division, el almirante John Godfrey.

Fleming era un espía de alto perfil que colaboraba estrechamente con Winston Churchill y la reina Wilhelmina de Holanda.

Oficialmente, durante la mayor parte de la Segunda Guerra Mundial, Fleming sirvió detrás de un escritorio. Pero su contribución para la victoria de los aliados fue mucho más significativa del crédito que comúnmente se le ha dado. Desde 1942 dirigió una Unidad de Inteligencia de Asalto especial con comandos encargados de apoderarse de la Inteligencia Naval Alemana. De la plétora de Fuerzas Especiales esparcidas por la Segunda Guerra Mundial, la Unidad Especial de Fleming se mantiene entre lo último que se conoce. El concepto fue tener la unidad en tierra con tropas invasoras e ir directamente hacia los recientemente capturados cuarteles generales alemanes y hacia los elementos de comunicación y confiscar grabaciones.

Esperaban apoderarse de los libros de códigos de los enemigos, de las máquinas codificadoras y de documentos de operaciones de alto riesgo. Los comandos de Fleming consiguieron algunos importantes golpes de inteligencia. Combatieron en la campaña del norte de África y en las invasiones de Sicilia, Italia y Capri. Desembarcaron el Día D, encabezados por misiles y estaciones de radar. Ayudaron a liberar París y entonces partieron para robar secretos científicos e industriales en el corazón de Alemania.

Fleming fue asistido durante la *Operación Testamento* por John Ainsworth-Davis.

Ian Lancaster Fleming   **John Ainsworth-Davis**

El agente John Ainsworth-Davis era un agente doble.[44] A propósito del ministro de Asuntos Extranjeros alemán, von Ribbentrop, él estaba en contacto con Hitler y personalmente se reunió con él en el Wolfsschanze, el cuartel general nazi, en Prusia.[45]

44. John Ainsworth-Davis, cuyo nombre durante la *Operación Testamento* era Christopher Creighton.
45. Christopher Creighton, *op. cit.*, pp. 84-86.

Fleming y Ainsworth-Davis fueron apoyados por la teniente estadounidense Barbara W. Brabenov, oficial de enlace de Dwight D. Eisenhower. Ella adquirirá más adelante una posición importante en la CIA, la dirección de servicio encargado de la protección de los superiores nacionalsocialistas que huían, tales como Joseph Mengele y otros que se escondieron en las islas Canarias y en América Latina.

Más de 150 especialistas formaban parte de la *Operación Testamento*. Sin embargo, ninguno de ellos estaba informado de los objetivos reales de la operación. Fleming, Ainsworth-Davis y Brabenov pensaban que debían retirar a Martin Bormann. Ellos ignoraban que una parte de ese plan preparaba la huida de Hitler. Se les hizo creer que el programa giraba únicamente alrededor de Bormann.

En Alemania también se trabajaba con total discreción en la huida de Hitler. Todo estaba cuidadosamente preparado. Incluso se pensó en las investigaciones que se realizarían después de la puesta en escena del suicidio. El dentista, el doctor Helmut Kunz, su asistente Käthe Hausermann y el dentista Fritz Echtmann se dedicaron a este plan y trabajaron para encontrar un doble de Hitler cuya dentadura se pareciera lo más posible a la del Führer.

La historia común nos hace pensar que la precaria corpulencia de Hitler hacía imposible o poco imaginable una huida de su parte. También se ocultó que muchas personas que conocieron a Hitler incluidos sus colaboradores más cercanos, no estaban enterados del estado de salud del Führer.

También otros estaban convencidos de que el estado de salud de Hitler era excelente. Erwin Giesing, el otorrinolaringólogo de Hitler dijo:

"Para un hombre de su edad, la salud del Führer era excepcionalmente buena."[46]

El mariscal de campo Kesselring, que había visto a Hitler en abril (1945), decía:

"Hitler tenía excelente salud."

De acuerdo con el expediente de Foxley hay informes sobre oficiales que visitaron a Hitler en su cuartel general en 1945. Según esos oficiales, Hitler era una persona de excelente salud, con una actitud tranquila y contenida. A esto se oponían los testimonios de otros oficiales que afirmaban que el Führer parecía haber envejecido diez años.[47]

El médico personal de Hitler, el doctor Theodor Gilbert Morell, procedía de una familia francesa de ascendencia judía. En 1936, fue nombrado por Hitler como su médico personal. Esta elección la realizó Hitler sin el control de los servicios secretos, sin consultar al cuerpo médico del Führer o de cualquier otro representante conocido del gremio médico alemán.[48]

Morell desempeñaba un papel clave en la más alta cumbre del régimen. Tenía un gran poder y control sobre Hitler; siempre estaba a su lado. Se dice además que, con el consentimiento de Hitler, Morell tenía acceso a los archivos

---

46. Lee McCardell, "Assert Hitler Almost Normal On February 15" en el *Baltimore Sun*, 7 de mayo de 1945. También Howard Cowan, "Kesselring Most Surprised Hitler Remained in Berlin", en *The Hamilton Spectator*, 10 de mayo de 1945.
47. Public Record Office (PRO), expediente HS 6/624, julio de 1998. *Cfr.* Ulrich Chaussy, *Nachbar Hitler : Führerkult und Heimatzerstörung am Obersalzberg* (*El vecino de Hitler: culto al Führer y destrucción de la patria*), Berlin, [Links], 2012, p. 240.
48. Werner Maser, *op. cit.* pp. 9-14.

de alta confidencialidad. En su casa, en la península Schwanenwerder, al lado de Berlín, Morell conservaba 54 cajas con archivos secretos. Esto deja ver la gran influencia que éste personaje tenía sobre Hitler.[49]

Durante el Tribunal Internacional de Núremberg, Morell, médico que Hitler, quien fuera el encargado de importantísimas responsabilidades y toma de decisiones, siendo además íntimo colaborador de Hitler a lo largo de nueve años, nunca fue interrogado como testigo. En cambio, los colegas de Morell, destinados al cuartel general del Führer, no salieron bien parados. Fueron perseguidos como criminales de guerra, condenados a largas penas de prisión o incluso condenados a muerte.[50] Este procedimiento es legalmente incomprensible y muy sospechoso.

Mientras estaba encarcelado, Morell afirmó que había trabajado por encargo de los servicios secretos aliados.

Fue liberado el 20 de junio de 1947. En 1948 fue asesinado por los servicios secretos estadounidenses. Las circunstancias de su muerte estuvieron rodeadas de desinformación y misterio. Se decia que él había muerto en su celda, otra versión era la del suicidio.[51]

Se dice que el doctor Morell tuvo que tratar a Hitler con gran cantidad de fuertes medicamentos y drogas. Lo cierto es que Morell prescribía medicamentos inofensivos. El

---

49. Ernst Günther Schneck, *Patient Hitler - Eine medizinische Biographie* (*El paciente Hitler, una biografía médica*), Düsseldorf, [Droste], 1989, pp. 163-170. La lujosa casa en la península Schwanenwerder era un regalo de Hitler.

50. Dieter Rüggeberg, *Geheimpolitik 3: Wer half Hitler?*, Wuppertal, [Rüggerberg], 2010, p. 81.

51. Lev Bezymenski, *Po sledam Martina Bormanna (Tras las huellas de M. Bormann)*, Moscú, 1965, p. 129.

único medicamento que tenía efecto era el Testoviron, un producto de la empresa farmacéutica Schering, que trataba los síntomas de lasitud de Hitler.

Durante su cautiverio, Morell atestiguó que Hitler nunca estuvo enfermo:

"Hitler tenía muy buena salud y la mejor constitución."

Doctor Theodor Gilbert Morell

El doctor Morell, además, hizo pensar que nunca se había suicidado:

"Hitler no era del tipo que se suicida."

Hitler hubiera sido un buen actor. No le fue difícil hacer creer a su entorno que tenía una constitución frágil. En presencia de algunas personas hacía como si perdiera el equilibrio, le temblaban las piernas y realizaba con dificultad sus movimientos. Pintándose más sus cabellos grises, daba la impresión de ser un hombre mayor. Antes de su huída, se rasuró el bigote. Sin su bigote y con el cabello gris, nadie podía reconocerlo.

Estaba previsto que Hitler, protegido por una unidad especial, después de que saliera del búnker se dirigiera directamente y tan pronto como fuera posible hacia la costa sur del río Spree. Ahí el *U-794*, un mini submarino costero tipo XVIIa, fabricado en Kiel por la Krupp Germaniawerft AG y designado *WK-202*, lo esperaba.

El *U-794* era de color gris. Este mini submarino medía solo 36.6 metros de largo y podía sumergirse a 4.50 metros de profundidad. El interior medía 3.6 metros de altura. El submarino podía alcanzar una velocidad máxima de 25 nudos (46 km/h). Tenía capacidad para 12 personas.

Fue el conocido almirante Karl Dönitz quien decidió tomar el *U-794* para la *Operación Testamento*.[52]

El capitán Philipp Becker (Cruz de Hierro de Primera Clase) dirigía a bordo del *U-794*. Su participación en la *Operación Testamento* no se conocía. Es posible que fuera remplazado. Se desconocen los nombres de los otros miembros de la tripulación.

El Spree es un río particularmente extenso que ofrece una gran cantidad de posibilidades y que además pasa por el centro de Berlín. En el oeste de la ciudad, el Spree desemboca en el Havel que sale de la ciudad fluyendo hacia el sur, y alcanza las islas de los lagos Gran Wannsee y Pequeño Wannsee. Después de pasar por Potsdam y Brandemburgo, el Havel llega finalmente al Elba.

Estaba previsto con el mini submarino, escaparse por el Havel y alcanzar el lago Wannsee, donde un hidroavión de Dönitz llevaría a Hitler. Después de una corta travesía hasta el Müggelsee, el lago más grande de Berlín, en el sureste de la capital, Hitler, acompañado de algunos miembros de la sección M y con la complicidad del general Franco aterrizó sin problemas en España. Para ese día se

---

52. El amirante Karl Dönitz había formado a principios de 1945 parte del ensayo del U-794.

decretó un cese al fuego, con el fin de que el tránsito en el espacio aéreo de Alemania dejase pasar sin peligro.

Muchos afirmaron que el 27 de abril Hitler había salido de Berlín en avión. Esto no era del todo imposible, pero hubiera resultado demasiado peligroso. El avión nunca hubiera llegado a la frontera francesa.

El cese al fuego del 2 de mayo era la posibilidad más efectiva para salir de Alemania con la mayor seguridad.

Con pleno conocimiento, se decidió enviar el submarino por el río Spree en dirección Kiel, no en dirección al lago Müggelsee, porque esta parte de la capital estaba casi en su totalidad bajo control soviético. Además, para remontar el río en dirección Müggelsee, los motores diesel tenían que haber funcionado a toda marcha, corriendo el riesgo de ser descubiertos.

Además, estaba previsto que el submarino debía llegar a la bahia Geltingerbucht (una bahía en Schleswig-Holstein, cerca de la frontera con Dinamarca). [53] En este punto, el U-794, debía ser hundido inmediatamente después de la salida de los pasajeros.

Para asegurar que la operación se llevara a cabo sin problemas, era necesario retirar algunos obstáculos de antemano. En muchos lugares el río Spree estaba lleno de minas y trampas cazabobos. Se emplearon 20 expertos en retirar explosivos para que el río fuera navegable nuevamente.[54]

Otro problema fue que el nivel de agua del Spree estaba muy bajo ya que las esclusas del río estaban cerradas.

---

[53] Entrada de mar en la costa, de extensión considerable, que puede servir de abrigo a las embarcaciones.
54. Creighton, Christopher, *op. cit.*, p. 156.

Del lado alemán se solucionó el problema el 28 de abril. A pesar de que el túnel entre las esclusas fue utilizado como hospital, Hitler dio la orden de abrir las esclusas superiores, mientras que las inferiores debían mantenerse cerradas, con la consecuencia de que el sistema de túneles fue inundado. Miles de personas y soldados se ahogaron.

El 29 de abril a las 18:00 horas, las esclusas superiores fueron cerradas, y poco después las esclusas inferiores se abrieron para hacer pasar el agua y los numerosos cuerpos. Las esclusas inferiores fueron abiertas por completo a las 22:30; a través de ellas numerosos cadáveres eran arrastrados por el agua, el nivel de agua subio rápidamente y el mini submarino pudo descender la corriente del río sin problemas.

El piloto alemán que ayudó a Hitler con el hidroavión, no era otro más que Hanna Reitsch. Ella era conocida como la mejor piloto del siglo y había participado en las pruebas de bombas aéreas (V1). Sus aviones - cohetes V1 fueron la base para la navegación espacial moderna. El avión más rápido y el más peligroso que fue probado bajo su tutela, era el avión-cohete *Messerschmitt 163 Komet*, que fuera a su vez un proyecto celosamente escondido.

Hitler condecoró a Hanna Reitsch con la Cruz de Caballero de la Cruz de Hierro de Primera Clase. Ella era la única mujer que había obtenido esta distinción. Después de la guerra, Reitsch se convirtió en miembro de la American Test Pilots Association (asociación estadounidense de pilotos experimentales), y en 1961 el presidente John Kennedy la recibió en la Casa Blanca.

Hanna Reitsch desempeñó un papel clave en la *Operación Testamento*. Hasta su muerte, fue fanática adoradora de Hitler. Ella le propuso a Hitler hacer ataques suicidas con miles de voluntarios sobre la flota aliada durante la invasión de Normandía. Hitler se opuso a esta idea. Según Hitler:

"Esto no iba de acuerdo con el espíritu alemán."

Reitsch finalmente lo convenció. Hitler prometió examinar su petición. Reitsch formó entonces una tropa de pilotos dispuestos a suicidarse y prestó el siguiente juramento:

"Participo voluntariamente en una tropa suicida como piloto de una bomba equipada. Estoy plenamente consciente de que en esta ocasión mi acto acarreará mi muerte."

Capítulo 9

Dresde

"Hemos conseguido matar a seis millones de personas. Tal vez podamos encontrar la manera de sumar un millón más antes de que la guerra termine." – Winston Churchill.[55]

Diez días después tres bombardeos angloamericanos mataron en Dresde a 330 mil personas en 15 horas. La destrucción militar de la ciudad de Dresde por parte de los aliados en febrero de 1945 fue totalmente inútil. Dresde no estaba en la línea de fuego inmediata, no era importante para el tráfico y no tenía ninguna industria importante. No tenía búnkeres ni industria de guerra ni defensa antiaérea, sólo 1 250 000 civiles inocentes. Entre los ciudadanos de Dresde el día de los bombardeos, ¡había alrededor de 100 soldados! También había cientos de miles de refugiados, provenientes del este de la ciudad.[56]

El primer ataque nocturno, en el que participaron miles de bombarderos y cazabombarderos estadounidenses y británicos, tuvo lugar el 13 de febrero, alrededor de las 21:30 horas. Durante media hora llovió fuego y acero del cielo: 460 mil bombas incendiarias y fosfóricas, tres mil minas lanzadas con paracaídas y explosivos. Los blancos de ataque se cernían fantasmagóricos en dirección al río Elba e iluminaban toda la ciudad con un fuerte resplandor. Las madres sacaban a sus hijos llorando de sus camas y corrían a los refugios, mientras que los médicos y enfermeras iban a sus puestos de trabajo. Los gravemente heridos eran trasladados a los refugios; las calles y plazas estaban

---

55. Discurso en la Conferencia de Yalta, del 7 de febrero de 1945.
56. Los refugiados que huyeron del ejército rojo desde Europa del este eran más de seiscientos mil.

atascadas de civiles en busca de refugio. Había por doquier coches, carros de caballos y tranvías. Los caballos corrían sueltos, arremetiendo contra el público ya en pánico. Por todas partes, el fuego y las bombas fosfóricas caían sobre las multitudes de hombres, mujeres y niños, que corrían de un lado a otro como antorchas vivientes, hasta que caían en tierra. Los gritos de estas víctimas se mezclaban con los gritos de muerte de los animales en el incendio que destruía el zoológico. La sangre brotaba de las jaulas de los animales. Los coches explotaban; los perros quemados atacaban enloquecidos a mujeres y niños. Las minas lanzadas con paracaídas hacían caer las paredes y reventaban las tuberías de gas y de agua. El ácido fosfórico rezumbaba bajo las paredes y absorbía todo el oxígeno, asfixiando a las personas que estaban dentro de los refugios repletos que se convertían en tumbas colectivas. Las madres cubrían a sus hijos con sus propios cuerpos para protegerlos del calor abrasador. A pesar de sus lamentos desesperados, no podían salvar las vidas de sus hijos, por lo que mejor se suicidaban tirando del gatillo de sus propias armas. Las bombas también caían en techos de hospitales, dejando en llamas muchos edificios. A menudo, la muerte llegaba tan rápido que los heridos de gravedad apenas tenían oportunidad de gritar. Los ciegos caminaban con pies desnudos a través del ácido fosfórico y eran devorados por sus llamas. Estando todo horriblemente incendiado, algunos heridos se arrastraban fuera de las salas de hospital en llamas, rumbo a las calles, donde después eran encontrados mutilados y quemados.

Al final del primer ataque, miles de casas estaban en llamas. La ciudad era un gran mar de fuego. Mientras que la gente atrapada por el fuego, gritaba pidiendo auxilio, por todas partes se podía oír una alarma de catástrofe de las sirenas de emergencia, anunciando la llegada de las tropas de salvación, las tropas de la policía y las ambulancias que entraban en la ciudad ardiente. Las tropas alemanas Wehrmacht fueron en moto a la ciudad; sus órdenes eran salvar a todos los heridos y enfermos de los campos y de los hospitales.

El segundo ataque nocturno se produjo tres horas más tarde. Todas las tropas de salvación fueron sorprendidas por este segundo ataque. Todos fueron quemados, con excepción de unos cuantos. Había por doquier ambulancias incendiadas con personas incineradas dentro. Desde cada esquina los supervivientes se movían torpemente hacia los parques y prados a todo lo largo del río Elba. Personas sangrando, mujeres medio desnudas cubiertas con quemaduras y niños huérfanos, todos deambulaban aquí y allá con la mirada perdida. Las mujeres embarazadas se bamboleaban en el parque, colapsaban e incluso daban a luz. El enorme parque de la ciudad, las estaciones de tren y los prados a todo lo largo del río Elba fueron plagados de bombas. Las bombas de fósforo y los explosivos cambiaban las tierras bajas no incendiadas en un campo de batalla. Al romper el alba, nubes de humo se elevaban sobre la ciudad hasta alcanzar una altura de 5 kilómetros.

El tercer ataque contra la ciudad fue 10 horas más tarde, el 14 de febrero de 1945 a las 11:15 horas. Durante 30 minutos, mil doscientos bombarderos cuatrimotor estadounidenses lanzaron explosivos y bombas incendiarias a los suburbios de Dresde. En 30 minutos los estadounidenses cubrieron con bombas las orillas del río Elba y las áreas circundantes y aldeas, matando a miles de personas. ¡Muchos de los sobrevivientes se volvieron locos!

Los ataques aéreos sobre Dresde fueron un crimen de guerra, un acto barbárico. Nunca antes una ciudad había sido destruida en tan corto período de tiempo; nunca antes había muerto tanta gente en una sola noche. El informe publicado por la Cruz Roja Internacional, denominado *Report of the Joint Relief 1941-1946* (1948), sobre los bombardeos de la Segunda Guerra Mundial, señalaba la cantidad de 330 mil bajas en Dresde, ciudad alemana donde vivía el mayor número de refugiados.

Tres semanas después de los ataques sobre Dresde, Hitler decidió que era el momento de retirarse a su escondite: el búnker del Führer.

Capítulo 10

La Huida

7 de marzo de 1945

Después del ataque aéreo sobre Dresde, los ataques de los aliados se volvieron más intensos, por eso Hitler decidió mudarse a su refugio en el búnker. Adoraba a su perra pastor alemán y la llevó a dormir a su búnker, en su propio dormitorio.

20 de abril de 1945

La noche del 20 de abril, Erich Kempka recibe la orden de organizar alrededor de 12 vehículos para unas 80 personas que pertenecían al cuartel general de Hitler, y su familia, para conducirlos a los diferentes aeropuertos de Berlín.[57]

21 de abril de 1945

Erich Kempka recibe en esta ocasión la misión de mantener disponibles algunos vehículos para conducir a entre 40 y 50 personas hacia los diferentes aeropuertos.[58]

El médico de Hitler, el doctor Morell, es despedido. Junto con los taquígrafos, el secretario del consulado, Doheler, y varias mujeres, es conducido por Kempka al aeropuerto de Gatow.[59]

22 de abril de 1945

Hitler revela al Feldmarschall Wilhelm Keitel, al general Alfred Jodl, al general Karl Koller, a Albert Speer y a otros,

---

57. Declaración de Erich Kempka del 20 de junio de 1945.
58. *Ibidem.*
59. *Ibidem.*

que ha pensado suicidarse. Keitel, Jodl y Speer salieron del búnker y propagaron la información. Cada uno esperaba este hecho.[60]

El doctor Goebbels dijo al general Schörner:

"Lo menos que puedo hacer es que el cuerpo de Hitler no caiga en manos de los enemigos."

23 de abril de 1945

El Reichsmarschall Hermann Göring considera convertirse en el sucesor de Hitler, debido a esto pierde el aprecio de Hitler.

24 de abril de 1945

Dos de las secretarias de Hitler salieron del búnker y fueron llevadas por Erich Kempka a la pista de aterrizaje, construida provisionalmente sobre la calle Charlottenburger Chaussee, entre la Siegessäule (la Columna de la Victoria) y la Puerta de Brandemburgo.

25 de abril de 1945

Junto con un gran grupo, Gruppenführer (teniente general) Albert Bormann, hermano del Reichsleiter Bormann, sale del búnker.

Hermann Göring es cesado de todas sus funciones.

26 de abril de 1945

Hanna Reitsch aterriza con el general Robert Ritter von Greim a bordo de un *Fieseler Storch* sobre el gran bulevar Unter den Linden (Bajo los tilos).

---

60. Greg Hallet, *op.cit.*, p. 305.

General Robert Ritter von Greim

El avión fue severamente dañado por la artillería antiaérea rusa, y el general fue herido. Los informes oficiales no concuerdan en que Adolfo Hitler, después de la tentativa de Herman Göring de asumir el poder, quisiera nombrar al general Ritter von Greim comandante de la Luftwaffe (fuerzas aéreas).

A bordo de un *Ju188*, Ritter von Greim y Reitsch, con el piloto Jürgen Bosser, volaron de Múnich hacia el aeropuerto de Gatow en Berlín. Durante el vuelo del avión fueron escoltados por 40 aviones de combate de las fuerzas aéreas. Muchos de estos aviones fueron alcanzados por los disparos de las baterías antiaéreas. Según Hanna Reitsch, el SS Nicolaus von Below les comunicó por teléfono después de su aterrizaje en el aeropuerto de Gatow que el Führer quería hablarles a toda prisa.[61] Como el búnker estaba ubicado en el centro de Berlín y no se podía llegar desde el aeropuerto de Gatow, se trató de aterrizar con un *Fieseler Storch* sobre el Wannsee, cerca de la Puerta de Branden-

---

61. Hanna Reitsch, *Fliegen - mein Leben* (*Volar fue mi vida*) Berlín, [Herbig], 1979, p. 317.

burgo. Desde allí, no había más que un corto camino para llegar al búnker de Hitler.

El general decidió que él mismo quería volar. Reitsch se colocó detrás de él en el pequeño avión. ¿Por qué von Greim y Reitsch habrían puesto en juego su vida por un vuelo? El general era un piloto experimentado. ¿Por qué Reitsch volaba con él? ¿Por qué Hitler quería, insistía en que cada uno saliera de Berlín, que von Greim y Reitsch se reunieran con él? ¿Por qué era tan importante hablar con el dirigente de una unidad de tropas que, de todas formas, estaba casi muerto? Los informes oficiales no pueden explicar la presencia de los dos pilotos. Tampoco ofrecen explicación sobre el hecho de que su máquina, durante el vuelo hacia Gatow, era escoltada por 40 aviones de combate.

Es significativo que el objetivo de este avión era mucho más importante de lo que se nos quiere hacer creer y que en verdad esto no concierne a Ritter von Greim sino a Hanna Reitsch. Estaban enamorados y se supone que el general la acompañaba para protegerla.

Es evidente que Ritter von Greim, antes de su vuelo hasta el búnker de Berlín, tenía una misión importante que llevar a cabo. El la había enviado con sus padres a Salzburgo, para despedirse.

Hanna Reitsch se quedó tres días en el búnker para hablar con Adolfo Hitler sobre todos los detalles de la *Operación Testamento*.

27 de abril de 1945

La pastor alemán de Hitler, *Blondi*, y uno de sus cachorros, fueron envenenados. El doctor Werner Haase, el médico que acompañaba a Hitler, rompió con una pinza una cápsula de cianuro en el hocico de los perros.

Posteriormente los soviéticos encontraron a los dos perros muertos en una tumba en el jardín. Afirmaron que estaban juntos al lado de una mujer y de un hombre que fueron considerados como el matrimonio Hitler.

Es evidente por qué fue envenenada la perra de Hitler. De haberla dejado viva, se corría el riesgo de que los soviéticos aprovecharan la oportunidad: seguramente habrían hecho que la perra buscara a su amo en el jardín, y ésta no lo hubiera encontrado.

El cuñado de Eva Braun, el teniente general de las SS Hermann Fegelein, representante de Heinrich Himmler en el búnker, fue hecho prisionero por miembros del Servicio de Seguridad del Reich y fue llevado a la estación de "comando" donde fue interrogado por el SS-Brigadeführer (mayor general de las SS) Wilhelm Mohnke.

28 de abril de 1945

El jefe de servicios secretos Heinz Lorenz, comunica a Hitler que Heinrich Himmler hizo negociaciones secretas con los británicos y los estadounidenses y pidió su capitulación. Se confirmó que entre las cosas de Hermann Fegelein había documentos que prueban que él estaba al corriente de las negociaciones secretas con el enemigo.

El juicio fue realizado directamente. Un miembro del Servicio de Seguridad del Reich, ejecutó a Fegelein con un disparo detrás de la cabeza. Fue enterrado cerca de la salida de emergencia, en el jardín de la Cancillería.

¿Fegelein fue eliminado porque estaba informado de las negociaciones secretas con el enemigo, o bien porque había sido iniciado en los planes secretos de la huida de Hitler? Su amiga, Kristina Reimann, una actriz de cine que se reunió con Fegelein en Berlín el 27 de abril, explica al conocido autor Glenn B. Infield:

"Fegelein tenía un miedo increíble. Bebimos algo. Él repetía sin cesar que en Berlín había varios Hitler. Yo pensaba que estaba borracho. Poco antes de despedirse, dijo que si Hitler llegaba a saber que él conocía su secreto, su vida no valdría nada."[62]

El 28 de abril, también se abrieron las esclusas superiores del Spree. Las esclusas interiores todavía estaban cerradas. El conjunto del túnel fue inundado y miles de personas, entre ellas soldados heridos que estaban en el hospital provisional, se ahogaron.

Hanna Reitsch sostuvo, por la mañana, una conversación muy larga con Hitler. En su libro *Fliegen - mein Leben*, explica que Hitler le había informado de sus planes de suicidio. Así, todos los colaboradores de Hitler contribuyeron, posteriormente, a hacer creíble el suicidio de Hitler.

29 de abril de 1945

Junto con otras dos parejas, Hitler se casó con Eva Braun en el interior del búnker. El matrimonio se llevó a cabo en la madrugada, entre las 1:00 y las 3:00 horas, y fue pronunciado por el oficial del Registro Civil Walter Wagner. Joseph Goebbels y Martin Bormann fueron sus testigos.

La víspera de la noche del suicidio programado de Hitler, se bebía vino blanco y se escuchaba música de banda mientras que Hitler, de manera incontrolable, hacía breves discursos.

¿Cómo fue posible que Hitler tuviera el valor de divertirse?

---

62. *Pravda* TV, 31 de diciembre de 2012.

A las 4:00 horas de la mañana Hitler dictó su testamento, integrado por varios documentos: un "testamento personal" y un "testamento político". De estos dos documentos, la secretaria de Hitler, Traudl Junge, preparó tres copias. Según Rochus Misch, una de las copias era para el general mariscal de campo Ferdinand Schörner, una para el almirante Karl Dönitz y una para la central del partido del NSDAP en Múnich.

En compañía de su prometido, el general Ritter von Greim, y del Servicio de Seguridad del Reich, Hanna Reitsch salió del búnker del Führer. En el zoológico estaba escondido un *Arado 96*, un pequeño avión de dos plazas. Este aparato podía llevar como máximo tres personas. El avión fue valientemente aterrizado por Jürgen Bosser —el mismo piloto con el cual ella había volado de Múnich a Gatow— para llevarla. Bosser la esperaba para sacarla de Berlín. Algunos observadores habían visto subir a Reitsch y pensaban que se trataba de Eva Braun.

Una declaración hecha por un ruso en 1945 relata:

"No encontramos ninguna huella de Adolfo Hitler ni de Eva Braun. Sin embargo, está comprobado que Hitler borró sus huellas y que muy temprano el 29 de abril un pequeño avión voló del zoológico en dirección a Hamburgo. Sabemos que a bordo se encontraba una mujer."[63]

Después de que el avión despegó con Hanna Reitsch a bordo, se tomó la dirección a Hamburgo, más precisamente la de Plön, al cuartel general del almirante Karl Dönitz. Él era, entre otros, responsable de la flota de los hidroaviones. ¿Por qué razón Reitsch fue a ver a Dönitz?

---

63. Hanna Reitsch, *Fliegen, mein Leben*, Stuttgart, [Deutsche Verlags-Anstalt], 1951, p. 302.

Como ya indicamos, al igual que todos los demás colaboradores cercanos a Hitler ella fue una fanática de Hitler hasta su muerte. En sus grabaciones, posteriormente intentó explicar sus actos como los de un fiel miembro del régimen nacionalsocialista. En sus memorias, escribía sobre esto, lo que ella llamaba ignominias:

"Yo era una piloto reconocida en Alemania, y por amor a mi país cumplí mi deber hasta la última hora. Mi último vuelo hacia Berlín más tarde se volvió legendario. Muchos se preguntaban si yo había ayudado a escapar a Hitler."

Dado que los restos de Hitler nunca fueron vistos por los propios ojos de los aliados, durante años se aceptó que el 29 de abril Reitsch ayudó a Hitler a escapar de Berlín a bordo de su avión. Pero esto no correspondía con el plan de la élite oculta detrás de Hitler, porque si el Führer hubiera sido hecho prisionero, por supuesto que los hubiera traicionado.

30 de abril de 1945

5:10 horas

El itinerario sobre el Spree fue programado por el SS-Obersturmbannführer (teniente coronel de las SS) Nicolaus von Below y su cercano colaborador Heinz Mathiesing. Ellos llegaron sin problema a la Isla de los Pavos Reales, punto de encuentro; Reitsch subió a Hitler a bordo de un avión.

Nicolaus von Below
SS-Obersturmbannführer (teniente coronel de las SS)

7:05 horas

Los guardias del interior del búnker recibieron la orden de empacar sus raciones para todo el día y salir inmediatamente. Debían concentrarse en la vigilancia exterior del búnker, y no en lo que pasaba en el interior.[64] Esto significa que los guardias no estaban al corriente de lo que pasaba dentro del búnker.

12:20 horas

El comandante de la Región de Defensa de Berlín, Helmuth Weidling, comunica que los soviéticos están cerca del barrio donde está localizado el gobierno. Wilhelm Mohnke también informa a Hitler que pueden aguantar 24 horas.

13:00-14:00 horas

En la oficina de Hitler (Plano del búnker n⁰ 7, p. 79) uno de los dobles —uno de los familiares lejanos de Hitler— es

---

64. Hugh Trevor-Roper, *Hitlers Letze Tage* (*Los últimos días de Hitler*), Londres, 1947, p. 219.

asesinado de un disparo en la cabeza, con una bala de 10.5 mm.

14:25 horas

Hitler va a comer sin Eva Braun.

14:40 horas

Otto Günsche telefonea a Erich Kempka y le encarga la misión de llevar 200 litros de gasolina frente a la salida de emergencia del búnker (Plano del búnker nº 3, p.79).

15:05 horas

El personal bajo sus órdenes es despedido y vuelve a sus domicilios. Reciben la orden de salir del búnker.

15:10 horas

Hitler hace que su esposa vaya a la sala de conferencias (Plano del búnker nº 5, p. 79), se encuentra ante el círculo más restringido de sus colaboradores para dar un discurso de despedida. Los presentes son: Martin Bormann, Joseph Goebbels, Artur Axmann, el general de las SS Werner Naumann (asistente de Goebbels), el general Wilhelm Burgdorf, el vicealmirante Erich Voss, el general Hans Krebs, Walter Hewel (miembro del Ministerio de Asuntos Extranjeros), el general Johann Rattenhuber, el Kriminal-beamter (RSD) Peter Högl, el doctor Ludwig Stumpfegger, el SS-Standartenführer (coronel de las SS) Otto Günsche, el SS-Sturmbannführer (mayor de las SS) Heinz Linge, Constanze Manziarly (cocinera personal de Hitler), Else Krüger (secretaria de Bormann) y Traudl Junge (secretaria personal de Hitler).

Magda Goebbels no estaba presente. Se dice que ella se

quedó todo el día en su refugio, con los niños.

Hitler apenas se mueve. Murmura y repite antes de su despedida, todavía una vez más, que se va a suicidar. Hitler explica esto durante los días precedentes a varias personas y en varias ocasiones.

Se debe desconfiar de esta versión, puesto que las personas que se suicidan por lo general nunca lo mencionan.

15:25 horas

Después del discurso de despedida, se pide a todos que dejen el búnker. Los ocupantes regulares deben quedarse en sus refugios, y las puertas deben cerrarse.

15:30 horas

Hitler y Eva Braun van hacia el salón de Hitler. La puerta se cierra (Plano del búnker nº 8, p. 79).

Según las declaraciones del SS y telefonista de Hitler Rochus Misch, él se quedó en su puesto después de que todos los residentes regulares se retiraron a sus refugios. Según él, Otto Günsche y Heinz Linge estaban presentes, también Goebbels y Bormann estaban cerca. Dónde exactamente?, eso no se precisa.

Como ya vimos, Rochus Misch no habla sobre una gran cantidad de elementos. Esto se comprende si consideramos que él es un admirador de Hitler. De esto podemos deducir que sus declaraciones no son totalmente confiables. Él desempeña un papel importante y es precisamente, como la mayoría de los demás colaboradores de Hitler, una parte de la conspiración cuyo objetivo es hacer creer que Hitler se suicidó. Por consiguiente, debemos suponer que Misch no se encontraba en el búnker del Führer sino que, como los demás colaboradores, debió haber dejado el lugar.

Incluso Heinz Linge y Otto Günsche no estaban ahí. Los dos decían la verdad cuando declararon que no sabían nada y que los acontecimientos se llevaron a cabo sin su participación. Como lo admitió más tarde, Erich Kempka tampoco estaba presente. Lleno de pánico, salió del búnker cuando Hitler y Eva Braun se retiraron a sus refugios.

Los únicos presentes en el búnker principal eran, de hecho, Joseph Goebbels, Martin Bormann, Ludwig Stumpfegger, Wilhelm Mohnke, Artur Axmann, el jefe de la Gestapo Heinrich Müller y algunos miembros de la Gestapo.[65]

En su libro, dice Rochus Misch:

"También el jefe de la Gestapo, Heinrich Müller, que nunca se quedaba en el búnker, estaba presente. Le dije a Hentschel que yo tenía miedo de que nos asesinaran, porque éramos testigos importantes."[66]

Aprox. 15:40 horas

Eva Braun es asesinada. Esto no lo supo nadie salvo, probablemente, la Gestapo.

Al igual que Hitler, Eva Braun no tenía planeado suicidarse. Poco tiempo antes, escribió una carta a sus padres en la que les decía que no se preocuparan si durante un largo tiempo no recibían ninguna noticia de ella.[67] Debió haber sido una gran decepción para ella el saber que Hitler no la incluyó en sus planes de escape.

---

65. Conversaciones entre el autor y Artur Axmann, Las Palmas, 1975.

66. Rochus Misch, *Der letze Zeuge*, Pendo Verlag, 2008, p. 203. Desde 1938 Heinrich Müller era el jefe de la Gestapo. Fue percibido por última vez en el búnker el 2 de mayo de 1945.

67. La carta será encontrada por los soviéticos y forma parte de los antiguos archivos de la KGB.

Aprox. 15:45 horas

Utilizando un pasadizo secreto localizado en la parte trasera de un armario de libros, Hitler busca refugio y se queda escondido en cuarto secreto del búnker (Plano del búnker n° 47, p. 79)

15:50 horas

El mayor general de las SS Wilhelm Mohnke da la orden de cerrar todas las puertas de acero que dan acceso al búnker. Para proteger el búnker, solamente se debía cerrar el salón comedor del primer búnker y el puesto de vigilancia (Plano del búnker n° 37, p. 79). Para sorpresa de algunos guardias que se encontraban en las bodegas de la antigua Cancillería, se cerraron las puertas de acero de la salida de emergencia (Plano del búnker n° 40, p. 79) y las puertas de acero para llegar a la salida de la bodega situada bajo el salón de recepción de la Cancillería del Reich (Plano del búnker n° 39, p. 79).

De esto no se habla entre los colaboradores cercanos de Adolfo Hitler. Solamente algunos guardias del Servicio de Seguridad del Reich evocan estos acontecimientos importantes.[68]

Al cerrar todos los accesos, se puso atención en que nadie se quedara en el interior. Artur Axmann aseguró que todos los refugios de los residentes en el primer búnker estaban bien cerrados.

La *Operación Testamento* fue preparada con el mayor detalle. A cada agente le estaba reservada una misión bien determinada. Si comparamos el número de testimonios y de informes, así como las pruebas independientes, surge

---

68. Hugh Trevor-Roper, *op. cit.*, p. 219.

con certeza que las declaraciones del círculo más cercano alrededor de Hitler fueron hechas para disimular la verdad. Sus declaraciones, y los libros que publicarán, son parte de la *Operación Testamento*. El mundo debía estar convencido de que Hitler y Eva Braun habían muerto.

Las investigaciones y la comparación de los diferentes informes militares reportan que solamente Artur Axmann, el doctor Ludwig Stumpfegger, Martin Bormann, Joseph Goebbels y el comandante de la Gestapo Heinrich Müller se encontraban en la oficina de Hitler.[69] Ellos formaban parte de la *Operación Testamento*.

Como ya mencionamos, el cadáver del doble de Hitler fue colocado en una manta y su rostro fue cubierto. Los trajes conocidos no solamente estaban para ser usados por los dobles, también estaban para ser vistos.

15:55 horas

La puerta de acero del pasillo de la sala de conferencias (Plano del búnker n⁰ 5, p. 79) fue abierta y dos miembros de la Gestapo fueron llamados. Llevaban el cuerpo del doble de Hitler de las escaleras hasta la salida de emergencia (Plano del búnker n⁰ 3, p. 79) El doble estaba muerto desde hacía varias horas y su cuerpo estaba rígido. Por medio de procedimientos químicos, los músculos estaban entumecidos. En términos de *rigor mortis*, llevaba muerto entre una y cuatro horas.

En comparación con el cadáver del doble de Hitler, el de Eva Braun todavía no estaba rígido; cuando Bormann lo carga, estaba flexible entre sus brazos. Era notorio que su

---

69. Conversación personal del autor con Artur Axmann, Las Palmas, 1975.

muerte tenía muy poco tiempo.

Oficialmente, Martin Bormann entregó el cadáver a Erich Kempka, y Otto Günsche enseguida lo llevó de las escaleras hacia la salida de emergencia. Como hemos visto, apareció Kempka más tarde, cuando los cadáveres ya estaban arriba. Así, podemos deducir que el relato oficial no es certero. Verdaderamente, el cadáver de Eva Braun fue llevado a arriba por un miembro de la Gestapo, cuyo nombre es desconocido.

16:00 horas

El búnker del Führer está vacío, todos están arriba al lado de la salida de emergencia. Junto con Artur Axmann, Hitler salió de su escondite (Plano del búnker nº 47, p. 79) para ocultarse entre los tabiques transversales y el puesto de vigilancia (Plano del búnker nº 39 y 40, p. 79).

Aprox. 16:10 horas

Heinz Linge, Otto Günsche y Erich Kempka son llamados. Su misión es quemar los cadáveres. Linge y Günsche están en uno de los refugios del primer búnker. Erich Kempka probablemente está en su casa, en la parte posterior del Ministerio de Asuntos Extranjeros, a menos de 50 metros de la salida de emergencia (Plano del búnker nº 3, p. 79). Misch también es llamado para retomar su lugar en el teléfono.

Aprox. 16:15 horas

Los dos cuerpos son rociados con gasolina. El oficial SS Hans Hofbeck era uno de los guardias que estaban frente a la salida de emergencia que conduce al jardín. Era uno de los guardias del Servicio de Seguridad del Reich que no estaba informado de los acontecimientos.

Declaración de Hans Hofbeck

Linge, Günsche y Kempka rociaron sin demora los cadáveres con la gasolina. Había alrededor de 10 bidones de gasolina que fueron llevados arriba por las escaleras. Yo los dejaba ir y venir. Después del discurso de Goebbels a las 16:30 horas, los dos son incinerados y la puerta de la salida de emergencia es cerrada. Yo recibí la orden de no dejar pasar a nadie por la salida de emergencia (Plano del búnker nº 3, p. 79). Soplaba un fuerte viento. Todos bajaron al búnker y yo me quedé arriba en mi puesto. Después de unos instantes, abrí la puerta. El calor y el humo se dirigieron hacia mí. Antes de que yo cerrara la puerta, pude ver que los dos cuerpos estaban encorvados. Los dos cuerpos tenían las rodillas plegadas. A las 22:00 horas, fui relevado. Cuando miraba afuera, ya no quedaba nada los cuerpos.[70]

La declaración de Hans Hofbeck es coherente hasta este último detalle. Hay que aceptar que el cadáver de la mujer durante la incineración era el de Eva Braun. Lo que pasó más tarde con los restos, no se sabe. Su cuerpo quemado debe estar entre los numerosos cadáveres de mujeres que fueron enterrados en el jardín luego descubiertos por los soviéticos.

Aprox. 20:40 horas

Hitler sale cubierto del búnker por la salida de emergencia del primer búnker (Plano del búnker nº 40, p. 79).[71]

---

70. Entrevista con Hans Hofbeck, 25 de noviembre de 1995. De acuerdo con el boletín meteorológico del 30 de abril de 1945, en ese momento se elevó un viento fuerte.

71. Hubo siete diferentes caminos para huir hasta el río Spree. Dependiendo de la situación en el último momento se podía elegir el itinerario más seguro.

Mohnke, Axmann y los miembros de la Gestapo previeron una huida segura. Ellos acompañaron a Hitler hasta la salida del jardín del Ministerio de Asuntos Extranjeros (Plano del búnker nº 41, p. 79). De aquí tomaron la puerta trasera del Ministerio (Plano del búnker nº 44, p. 79) hasta la salida a calle Wilhelm (Wilhelmstrasse) (Plano del búnker nº 45, p. 79), donde lo esperaba el equipo que debía escoltar a Hitler. Mohnke y Axmann regresaron a la Cancillería. Mohnke quitó los cerrojos de todas las puertas del búnker. El equipo provenía de dos unidades especiales que conocían los itinerarios de la huida y podían efectuar operaciones en terrenos hostiles.

Unidad 1:

Bernd von Freytag-Loringhoven,
Gerhard Boldt.
Hans Weiss.

Bernd Freytag von Loringhoven

Unidad 2:

Heinz Lorenz
Willi Johanmeier.
Peter Hummerich.
Wilhelm Zander.

Jefe de los servicios secretos Heinz Lorenz

Las dos unidades acompañaron a Adolfo Hitler por la calle Wilhelm, controlada por los alemanes, en dirección al río Spree. Las calles estaban llenas de personas cuya mayoría buscaban comida o estaban escapando de los soviéticos; no tenían ningún otro interés. Las unidades de la Gestapo que buscaban desertores, saludaron a la alta élite sin reconocer a Hitler.

Cuando la Unidad 1 llega al Marshallbrücke, sobre el río Spree, deja al grupo. Toma la ruta hacia la Isla de los Pavos Reales para enseguida subir al mini submarino con Hitler a bordo e informar sobre la situación.

Aprox. 23:00 horas

Por orden de Johann Rattenhuber, los cadáveres del doble de Hitler y de Eva Braun fueron enterrados por tres miembros de las SS y por el SS-coronel Franz Schädle, el jefe del Begleitkommando, tropa destinada al servicio de Hitler.

24:00 horas

El resto de la élite nacionalsocialista establece contacto por radio con el cuartel general ruso, y envía un embajador encargado de preguntar si el mariscal Joukov estaba listo para recibir al general Hans Krebs, para hablar de un cese al fuego con duración de un día, supuestamente para preparar la capitulación alemana. En realidad, solamente había una razón por la cual durante su huida, Hitler, haya tomado tan pocos riesgos.

El cese al fuego fue establecido de las 24:00 a las 7:15 horas.

El general Krebs llegó hacia las 4:05 horas al cuartel general provisional de Joukov establecido en el hotel Excelsior. Joukov rechazó la propuesta de un cese al fuego y el ataque de Berlín se retomó a las 7:15 horas.

Aunque Hitler tenía poco qué temer sobre cualquier peligro en su itinerario hasta la Isla de los Pavos Reales, el general de las SS Felix Steiner dio la orden de desviar a los soviéticos por una ofensiva en el sur de Berlín. Las fuerzas rusas se concentraron en su totalidad sobre la ofensiva alemana. Como ya lo mencionamos, Hitler tenía poco qué temer de los soviéticos.

Los alemanes habían formado tres líneas de defensa: cerca de Siegesäule, en la estación del zoológico y en Pichelsdorf, la parte más al norte de Havelmeer. El norte de Berlín fue defendido por el 41º Panzerkorps, bajo las órdenes del general Rudolf Holste. Todo este escendario era ventajoso para los planes Hitler.

Durante la huida sobre el río Spree, la pequeña torre del *U-794* sobresalía solamente algunos centímetros.

Los numerosos cadáveres contribuyeron también a que el submarino no fuera percibido por nadie. Como bajaban por el río, las turbinas del motor giraban al mínimo.[72] Los combates en el norte también hacían completamente inaudibles los ruidos del motor. Todo se desarrolló como estaba previsto.

---

72. Greg Hallet, *op. cit.*, p. 343.

Ministerio de Asuntos Extranjeros
Wilhelmstrasse – Spree – *U-794*

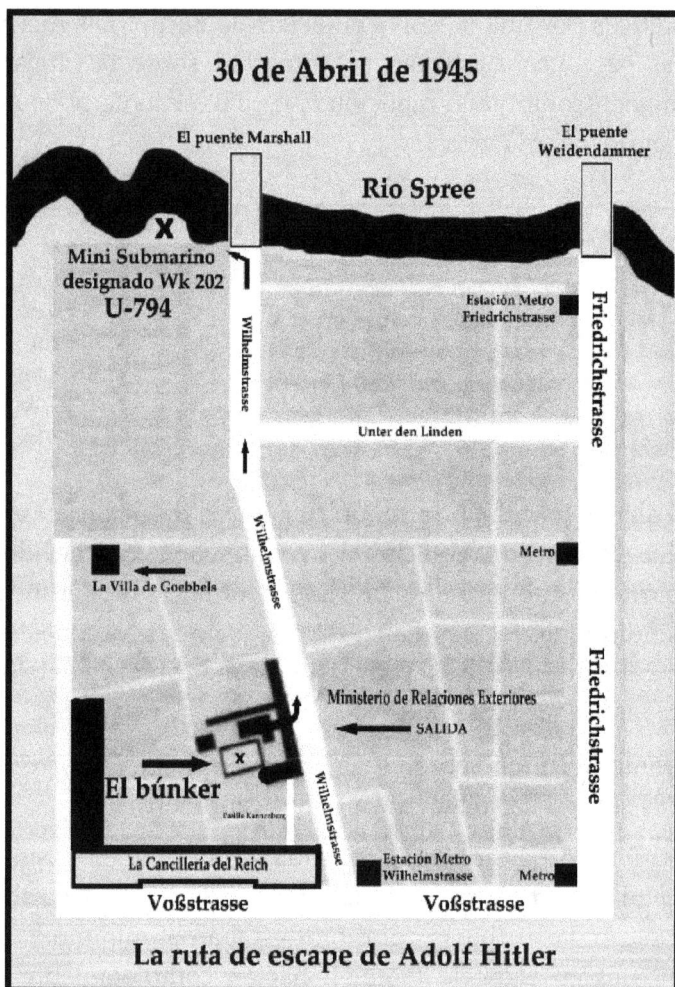

30 de Abril de 1945

El puente Marshall

El puente
Weidendammer

Rio Spree

X

Mini Submarino
designado Wk 202
U-794

Wilhelmstrasse

Estación Metro
Friedrichstrasse

Friedrichstrasse

Unter den Linden

Wilhelmstrasse

Metro

La Villa de Goebbels

Ministerio de Relaciones Exteriores

SALIDA

X

El búnker

Friedrichstrasse

Pasillo Kannenberg

La Cancillería del Reich

Estación Metro
Wilhelmstrasse

Metro

Voßstrasse

Voßstrasse

La ruta de escape de Adolf Hitler

Itinerario de la huida de Hitler:

El puente Marshall — La ruta de escape
El puente Pichelsdorfer
MiniSubmarino U-791
El río Spree
Havel
Lago Grosse Müggelsee
Calle Wilhelmstrasse
Ministerio de Relaciones Exteriores
Isla Schwanenwerder
Lago Wannsee
España
Junkers JU52Mg-14c
Isla Pfaueninsel

El río Spree – Schwanenwerder – Gran Müggelsee – Barcelona

Cerca de la gran bahía de Spandau, en el lugar donde el río Spree y el Havel se unen, las tropas alemanas fueron sometidas a un importante fuego de contención de tanques rusos lanzados desde la otra ribera del Havel

Los soldados alemanes ofrecieron resistencia en el puente Pichelsdorf. Después de que pasó el submarino, una parte del puente se derrumbó.[73]

Se consiguió la parte más delicada de la operación. Con éxito maniobran también en el estrecho canal del Havel y llegan finalmente al río de una extensión de más de tres kilómetros. Los combates tienden a disminuir.

---

73. *Cfr.* Christopher Creighton, *Operation James Bond. Das Letzte große Gegeimnis des Zweiten Weltkiegs* (*Operación James Bond. El último gran secreto de la Segunda Guerra Mundial*), Econ, 1996, p. 209.

El mini submarino se encamina lentamente en dirección a la península Schwanenwerder. Aproximadamente a las 4:30 horas en la oscuridad de la aurora, alcanzan esta primera etapa del Havel. La Unidad de Loringhoven deja el submarino. Hitler, el capitán y los tres miembros de la tripulación se quedan a bordo.

A partir de la península Schwanenwerder, la unidad de Loringhoven llega a la Isla de los Pavos Reales, el punto de encuentro de la crema y nata nacionalsocialista que huye.

Al llegar a la isla se reunieron con los exploradores Von Below y Heinz Mathiesing. La Unidad de Johannmeier también llegó la Isla de los Pavos Reales, y se unió a ellos. Con éxito escaparon de los soviéticos y alcanzaron el puente Pichelsdorf, en manos alemanas. De aquí, bordearon en pequeños barcos la ribera oeste, todavía bajo el dominio alemán. Para ellos, la misión había terminado.

Intentaron que el almirante Dönitz subiera a bordo de un hidroavión. Sin embargo, el aparato nunca apareció, y el 3 de mayo decidieron huir de Potsdam.

Sobre el itinerario del Gran Müggelsee

Después de la salida de la Unidad de Loringhoven, el submarino se queda entre la parte este de la península y la ribera oeste del Havel. La luz del día es más clara.

El cielo está nublado y como máximo hay ocho grados. Hacia el mediodía, el capitán se dirige algunas centenas de metros en dirección noroeste de la península cerca de la Isla de los Pavos Reales. Lo que restaba del día se esperaría a Hanna Reitsch.

Aproximadamente a las 16:15 horas, ella aterriza en un hidroavión, un *Junkers JU52/3Mg-14e*, al lado del submarino.[74] Hitler deja el submarino y sube al hidroavión.[75] Probablemente algunos nazis que se encontraban en la Isla de los Pavos Reales habían visto el hidroavión. Dos yates salieron de la Isla y se dirigieron hacia el hidroavión, el *Junkers*. Es muy posible que se tratara de miembros del equipo de evasión de Hitler que esperaban en la isla el hidroavión prometido por Dönitz. Los soviéticos habían comprendido que algo pasaba en el río: abrieron fuego sobre las dos máquinas.[76] Uno de los barcos fue alcanzado y hundido. El otro escapó al tiroteo.

El avión, con Hitler a bordo, se posicionó contra el viento, despegó y a mediana altitud se dirigió hacia el Gran Müggelsee.

El capitán tenía como misión llevar el *U-794* a la bahía de Gelting.[77] El submarino hizo su aparición antes de desaparecer lentamente en el Havel y tomó el Elba en dirección hacia las esclusas de Brunsbüttel y del canal de Kiel. A la altura de las esclusas del canal de Kiel, todo estaba en calma. La sección M había coordinado todo de tal manera que sobre el otro lado de la ribera la armada

---

74. Glenn B. Infield escribe en su libro Skorzeny, Hitler's commando (Skorzeny, el comando de Hitler) St. Martin's Press, 1981: "Por órdenes de una persona desconocida del búnker del Führer, un *Junker JU52/3Mg-14e* había aterrizado la víspera en la noche. ¿Se trataba de un ensayo para la huida de Hitler?"
75. Ch. Creighton, *op. cit.*, p. 214 y Greg Hallet, *op. cit.*, p. 344.
76. Ch. Creighton, *idem.*
77. Todos los submarinos y los barcos de la Marina recibieron la orden del almirante Dönitz de reagruparse en la bahía de Gelting.

británica no estaba en alerta y ningún guardia estaba posicionado en las esclusas. Esto dejó el paso libre para el U-794.

Sobre el canal que se divide en dos ramas, el submarino toma la dirección de Kiel. Enseguida es hundido en la bahía de Gelting. Aquí, el 5 de mayo, el *U-794*, con otros barcos de la marina alemana, fue voluntariamente hundido. Después de la guerra ese mismo submarino fue remontado por los ingleses y transportado a Inglaterra.

El mini submarino *WK202 (U-794)* es transportado a Inglaterra

A bordo del *Junkers*, Hanna Reitsch recorrió en 15 minutos los 33 km hasta el Gran Müggelsee. Aproximadamente a las 16:45 horas, la máquina aterrizó cerca de la ribera suroeste, donde Hitler sube en un barco de motor. Es recibido por dos británicos, vestidos con uniformes de oficiales rusos. Se trataba de Ian Fleming, el segundo comandante de los servicios secretos de la Marina británica, y Caroline Saunders, que se convertirá en la primera mujer en dirigir el MI-6.

El 1 de mayo, Fleming es llamado por Caroline Saunders, durante la operación que tenía por objetivo el escape de Martin Bormann. Oficialmente, él debe regresar a Londres sin demora para una importante misión. Pero cuando llega al gran Müggelsee, Caroline Saunders lo espera y le informa que no es requerido en Londres sino que debe acompañar a alguien a Barcelona.

Aproximadamente a las 2:00 de la madrugada, un *Westland Lysander IIIA* británico aterriza sobre una pequeña isla cerca de la ribera suroeste del Gran Müggelsee. Junto con el piloto Hugh Verity, Ian Fleming oculta el avión bajo ramajes.[78]

Cuando Hitler llegó, subió sin perder tiempo en el *Westland Lysander IIIA*, equipado con un depósito adicional. Hanna Reitsch escoltó el avión en su *Junkers JU52/3Mg14e* a Barcelona. Era un vuelo tranquilo. Lo hemos dicho varias veces: todo fue preparado cuidadosamente. El 2 de mayo hubo un cese al fuego que permitió tanto a los aviones británicos como a los alemanes salir de Alemania sin que se efectuara un solo tiro.

Dieter H. B. Protsch miembro de la antigua milicia popular, el Volkssturm, explica que cuando él estaba en el centro de Berlín en busca de alimento para su familia, encontró por casualidad una bodega con los operadores de radio de la Waffen SS que le dieron pan y chocolate.

Después de que se les habló brevemente sobre la familia, todos callaron cuando un operador de radio levantó la mano, y pidió silencio. Llevaba un casco, reía y decía que el Führer recibió un regalo de cumpleaños con retraso. Explicaba que Hitler se había escapado de Berlín, en un avión piloteado por Reitsch.[79]

Hanna Reitsch voló junto con el *Lysander* hacia Barcelona, donde fue recibida por el ministro de Asuntos Extranjeros Ramón Serrano Suñer.

Hitler, que no llevaba ningún equipaje, fue directamente

---

78. Greg Hallet, *op. cit.*, p. 394.
79. Dieter H. B. Protsch, *Be All You Can Be: From a Hitler Youth in WWII to a US Army Green Beret,* Londres, 2004, p. 32.

transportado al ala este del palacio del general Franco, en Madrid. Esta parte de la residencia estaba cerrada y no era accesible al resto del palacio. Además, estaba rodeada por un muro de cuatro metros de altura. No hubo ninguna explicación sobre esta construcción. El personal que estaba asignado a esta ala del palacio, hablaba alemán con fluidez.

España era un enclave seguro. El 21 de abril de 1945, el general Francisco Franco ofreció una estancia segura a los dirigentes de la Alemania nacionalsocialista. Franco y su cuñado Ramón Serrano Suñer ofrecieron a Hitler la posibilidad de esconderse. Con la ayuda del MI-6, otorgaron a España un estatus de transición para que nadie pudiera exigir cuentas a España.

Desde que estalló la guerra la huida de Hitler hacia España estaba prevista. Desde 1939, Von Ribbentrop estaba en contacto con Ramón Serrano Suñer. Hitler se quedó en Barcelona hasta su muerte. Cuando corría riesgo encontró refugio en el monasterio de Montserrat, donde murió a causa de cáncer de estómago en 1950.[80]

A lo largo de 1945 aumentaron los rumores de que Hitler todavía estaba vivo. El 9 de junio, durante una conferencia de prensa en presencia de periodistas británicos, estadounidenses, franceses y rusos, el general Joukov afirmó:

"No encontramos ningún cuerpo que pudiera ser el de Hitler."

---

80. En 1987 hablé con un miembro de la familia de un un monje benedictino, residente del enclaustrado en la abadía de Montserrat (Cataluña). Durante la conversación en un restaurant al pie de la montaña, mi carro fue hurgado. La charla no valía la pena para mí. Me confirmó, entre otras cosas, que hacia finales de 1940, un viejo alemán residió en el claustro; murió de cáncer en el estómago.

Joukov afirmó a los periodistas que concluyó que Hitler pudo salir de Berlín a bordo de un avión:

"Hitler pudo escaparse en el último momento, porque tenía a su disposición un avión."[81]

Según Trevor-Roper, era imposible que Hitler hubiera escapado de Berlín por aire, porque sus dos pilotos se quedaron en el búnker y en la noche del 1 de mayo habían participado en una tentativa de huida.[82] Trevor-Roper concluye que durante el III Reich solamente había dos pilotos que pudieron ayudar a Hitler. Olvida también que Hanna Reitsch estaba a su disposición.

Erich Kempka consideraba necesario reaccionar a la declaración del general ruso:

"No puedo compartir la perspectiva del comunicado de prensa del mariscal Joukov sobre el hecho de que Hitler y Eva Braun escaparon de Berlín a bordo de un avión. Esto es imposible. El 30 de abril de 1945, y dos o tres días antes, era imposible escapar del centro de Berlín a bordo de un avión. Esos días, la ciudad era blanco de tiroteos sostenidos por la artillería pesada. Además no escuché ruido de un avión que después del 25 o el 26 de abril de 1945 hubiera aterrizado o despegado."

El heroico aterrizaje en Berlín de Hanna Reitsch y de Ritter von Greim el 26 de abril así como su salida de Tiergarten el 29 de abril, eran conocidos en el búnker y en la nueva Cancillería del Reich, sin duda también por Erich Kempka. ¿En verdad es necesario plantearse la pregunta: por qué él trata de disimular la declaración del mariscal?

---

81. *The Globe and Mail*, 9 de mayo de 1945.
82. "Text of British Report Holding Hitler Ended His Life", en *The New York Times*, 1 de noviembre de 1945.

Hanna Reitsch

Hanna Reitsch voló tres días después de que la misión hacia Alemania fuera cumplida. El 7 de mayo afirmaría al general Karl Kolle:

"Ellos nunca encontrarán el cuerpo de Hitler."

Reitsch sobrevivió a la guerra y se rindió el 9 de mayo a los estadounidenses, dos días después de la capitulación de Alemania. El resto de su vida enarboló con orgullo la Cruz de Hierro. En sus memorias, *Fliegen - mein Leben* (1951), ella se describe como una patriota y no hizo ningún juicio moral sobre Hitler y la Alemania nacionalsocialista. Por eso algunos también describen su libro como *"un ejercicio de percepción selectiva, de racionalización y de negación"*.

A comienzos de la década de los años setenta, Hanna Reitsch dio varias entrevistas al periodista Ron Laytner. Al final de la última entrevista, declaró:

"Cuando fui liberada por los estadounidenses, leí el libro de Trevor-Roper *Hitlers letzte Tage*. Un testimonio que hice sobre los últimos días en el búnker se desarrolla como un hilo rojo en el libro. Sin embargo, yo nunca dije ni escribí nada ni tampoco afirmé nada. Ellos inventaron todo. Hitler murió de una manera muy digna."

Es posible que Reitsch aluda aquí a la muerte de Hitler debida al cáncer de estómago en 1950 y no por un cobarde suicidio.

Reitsch vivió durante mucho tiempo en España. Tal vez visitó a Hitler en varias ocasiones. Hacia finales de marzo de 1951 ella está en América Latina donde se encuentra a la cabeza de los antiguos miembros prófugos de la Alemania nacionalsocialista.

Incluso el príncipe de origen alemán Bernardo zur Lippe-Biesterfeld (padre de la reina Beatriz de Holanda) formaba parte.

Oficialmente, el príncipe estaba de viaje de negocios en Uruguay, Argentina y Chile.

El príncipe Bernardo zur Lippe-Biesterfeld

Durante este viaje él visitó, entre otros, al jefe de Estado argentino Juan Perón que, como Franco, garantizó protección. El intérprete del príncipe Bernardo era el reconocido holandés Willem Sassen, un exmiembro de las SS que fue juzgado en ausencia en varios tribunales.[83]

En un hotel de cinco estrellas cerca de San Carlos de Bariloche —guarida donde se refugiaron muchos nazis prófugos— se lleva a cabo una cita entre el príncipe y

---

83. Durante su visita en 1951, el príncipe Bernardo hizo honor a Eva Perón con la gran Cruz de la Orden de Orange-Nassau. Los amigos de Eva Perón eran los patrocinadores de Hitler, los Onassis, Rockefeller y Rothschild.

Hanna Reitsch.[84] Se desarrolla entre ellos una relación secreta, cuyo resultado es el nacimiento de una hija a quien llamó Alicia Hala von Bielefeld (nacida el 21 de junio de 1952), reconocida oficialmente por el príncipe como [su] hija natural.

1 de mayo de 1945
De regreso al búnker del Führer

15:15 horas

Joseph Goebbels envía un telegrama al almirante Karl Dönitz en el que le anuncia la muerte de Hitler.

Aprox. 18:30 horas

El doctor Stumpfegger durmió a todos los hijos de Goebbels con morfina. Enseguida rompió una cápsula de ácido prúsico en su boca.[85]

19:00 horas

Después de que sus hijos fueron asesinados, Magda Goebbels bajó y se sentó frente a la oficina de Rochus Misch. Mientras que sus lágrimas corrían por sus mejillas jugaba un partido de solitario. Cuando estuvo lista regresó al primer búnker, probablemente para suicidarse. Según el rumor, la Gestapo la habría ayudado.

---

84. Un doble de Hitler, Bormann, Mengele y otros nazis vivie-ron alguna vez en Bariloche.
85. Comunicación telefónica con Rochus Misch en 2006.

Goebbels y sus hijos

Aprox. 19:30 horas

Solamente Joseph Goebbels, Martin Bormann, Artur Axmann, SS-Reichsführer Werner Naumann, el telefonista Rochus Misch, los técnicos Hentschel y Heinrich Müller, y otros miembros de la Gestapo, se encontraban en el búnker del Führer. Además, se quedaron el general Krebs y el general Burgdorf; los dos estaban al corriente de la *Operación Testamento* y fueron envenenados por la Gestapo. También por este hecho la huida de Hitler se mantiene en secreto.

20:15 horas

El general Krebs y el general Burgdorf fueron encontrados muertos por Rochus Misch. Inmediatamente después, los dos cuerpos fueron subidos por las dos personas que quedaban del Servicio de Seguridad del Reich.

El doctor Ludwig Stumpfegger aparece de la nada, le entrega a Misch una cápsula y le exige suicidarse. Misch tiene miedo y se niega.

20:45 horas

Los últimos presentes en el primer búnker salen conducidos por Martin Bormann. Van a la nueva Cancillería del Reich, donde bajo la dirección de Wilhelm Mohnke se prepara una evasión.

21:00 horas

Más de 700 personas se reúnen en el almacén de carbón de la nueva Cancillería del Reich. El SS-Brigadeführer (mayor general de las SS) Mohnke tiene la orden de esta tentativa de huida. Los presentes son divididos en seis grupos. Las armas: fusiles, pistolas, metralletas y granadas, se distribuyen a los diferentes grupos. Estos grupos tratan de salir de la Cancillería y huir uno después de otro.

Grupo 1

El mayor general de las SS Wilhelm Mohnke dirige este poderoso grupo de 50 a 60 personas. Entre ellos, se encuentra el embajador Hewel, el almirante Voss, el subteniente Hans Baur (el principal piloto de Hitler), tres secretarias y Constanze Manziarly (la cocinera de Hitler).

Los hombres y las mujeres del grupo de Mohnke salieron de la Cancillería uno tras otro a través de una abertura en el muro de la Wilhelmstrasse, al lado de la Ecke Vossstrasse. Por los disparos de la artillería pesada corrieron lo más rápido posible hasta la entrada de la estación del metro Kaiserhof, que se encuentra a 50 metros. Pero la entrada fue destruida por las bombas. Por este motivo corren entonces 200 metros hasta la entrada situada frente al hotel Kaiserhof. Esta entrada está abierta. Es la parada de la Bahnhof Friedrichstrasse donde se encuentran numerosos civiles sobre el andén. Los soldados están sentados sobre las escaleras de la estación. De aquí, el Grupo 1 toma los rieles del túnel subterráneo. La mayoría logró escapar.

Grupo 2

El Grupo 2 que se componía de 60 choferes se encuentra bajo la dirección de Erich Kempka.

Kempka recuerda:

"Fui el comandante del segundo grupo. Llegábamos sin problemas a la estación del metro de la calle Friedrich (Friedrichstrasse). En el exterior de la estación todo estaba en calma. Avanzamos sin correr peligro unos 200 metros hasta una represa sobre el puente de Weidendammer (alrededor de 300 metros al norte de la estación de metro en la calle Friedrich (Friedrichstrasse). Pasando el puento nos encontramos con una tropa de soldados que nos dijeron un grupo de unas 50 a 60 personas había pasado antes por allí y se dirigían al norte. Era el Grupo I de Wilhelm Mohnke quienes lograron escapar."

La noche después de la huida de Hitler es todavía más fácil escapar del centro de Berlín. Precisamente como el Grupo 1, el Grupo 2 también logró escapar de los soviéticos tomando el puente de Weidendammer sobre el río Spree.

Grupo 3

Este grupo estaba bajo las órdenes del oficial de las SS Rattenhuber. Decidieron no tomar el itinerario del túnel subterráneo, sino que tomaron otro trayecto. No fueron más allá de la calle Invaliden (Invalidenstrasse), donde la mayoría de ellos fueron hechos prisioneros por los soviéticos.

Grupo 4

| Martin | Artur | Ludwig |
| Bormann | Axmann | Stumpfegger |

Este grupo lo integraba alrededor de 60 personas y estaba bajo las órdenes del SS-Reichsführer (general mariscal de campo, comandante en jefe de las SS) Werner Naumann.

Martin Bormann, Artur Axmann y Ludwig Stumpfegger, eran parte de este grupo.

Según las declaraciones de Erich Kempka, este grupo fue capturado a las 21:30 horas por los soviéticos en la calle Friedrich (Friedrichstrasse). La mayoría de los miembros de este grupo cayeron junto con Bormann y Stumpfegger.

Las declaraciones de Erich Kempka son significativas ya que con ellas trata de reafirmar que Martin Bormann murió durante los combates. Sin embargo, la realidad se muestra muy diferente, como veremos más adelante.

22:30 horas

El almirante Karl Dönitz, comandante del ejército en el norte de Alemania anuncia la muerte de Hitler:

"Lidereando a sus tropas, combatiendo, Hitler muere hoy, a mediodía."

Karl Dönitz tenía diferentes razones para hacer pública esta versión de los hechos. Él no podía decir que Hitler murió mientras intentaba huir ni que se había suicidado. Si las tropas alemanas hubieran escuchado que Hitler se había suicidado, se hubieran declarado vencidas y se hubieran rendido. Esto hubiera puesto en peligro la *Operación Testamento*.

2 de mayo de 1945

Aprox. 0:20 horas

Misch insiste a Goebbels que no quiere quedarse más tiempo en el búnker. Después del acuerdo de Goebbels y después de haber descolgado su abrigo y tomado el cuadro de Federico el Grande, el cuadro preferido de Hitler, Misch deja el búnker. Un momento más tarde fue detenido y pasó los siguientes nueve años en un campo de trabajo soviético.

Aprox. 0:30 horas

El comandante del Servicio de Seguridad del Reich, el SS-Obersturmbannführer (teniente coronel de las SS), Franz Schädle, se suicida de un disparo en la boca.

Aprox. 1:00 horas

Goebbels es asesinado por la Gestapo y justo después su cuerpo es quemado. Heinrich Müller y hombres de confianza de la Gestapo dejaron el búnker.

Johannes Hentschel se quedó en el búnker. Era electromecánico desde 1934 y por orden de Hitler, estaba encargado del mantenimiento del departamento del Führer en la antigua Cancillería. Durante los últimos días de la Segunda Guerra Mundial, fue el responsable de las máquinas del búnker del Führer. Fue uno de los últimos en quedarse en el sitio porque el hospital alli improvisado necesitaba agua y electricidad.

6:00 horas

El general Weidling firma a las 6:00 horas la capitulación de Berlín. Entre los primeros soviéticos que entraron en el búnker había mujeres. Hentschel levanta las manos para entregarse, sin embargo los soviéticos se burlan, su único interés era el refugio de Eva Braun cuyos trajes se distribuyeron entre las damas.

Hentschel fue llevado por los soviéticos en avión a Moscú, y fue liberado en 1949.

Desde ese momento el búnker del Führer fue vigilado. Las entradas estuvieron custodiadas durante años. En este tiempo, estaba prohibido entrar al búnker y más aún, explorarlo.

Tanto en 1947 como en 1959, se intentó en vano hacer estallar el búnker. ¡Pero las pruebas de un posible túnel subterráneo y un camino para huir sí fueron destruidas!

En 1973 se hicieron perforaciones de hasta 16 metros de profundidad cerca del búnker del Führer; entonces se descubrieron varios túneles que pertenecían al búnker el cual fue (¿por primera vez?) inspeccionado. En una caja fuerte se encontraron más de 15 mil documentos secretos. En 1988, el búnker del Führer fue demolido en su mayor parte.

Capítulo 11

El escepticismo ruso

Cuando los soviéticos entraron el 2 de mayo en el búnker de Hitler, estaban agotados, asustados y extremadamente tensos —algo que los nazis habían esperado—. Si Hitler estaba muerto, entonces sus restos debían estar en alguna parte.

Los primeros cadáveres que fueron identificados el 5 de mayo eran los de la familia de Goebbels. Joseph Goebbels era fácilmente reconocible por su pie deforme. La muerte de la familia de Goebbels era esencial para hacer creíble la mentira. Sus cadáveres debían acreditar la muerte de Hitler y de Eva Braun. Goebbels y su familia hicieron plausible ese escenario.

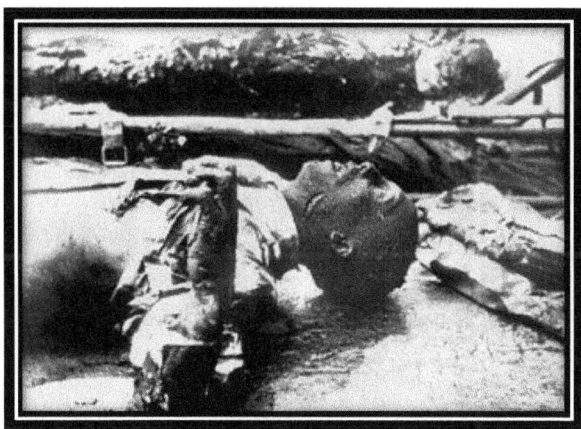

Restos del cadáver de Joseph Goebbels

Los cadáveres de la familia de Goebbels fueron expuestos y fotografiados desde todos los ángulos, hasta la mesa de autopsia. La placa fue tomada a cierta distancia, y muestra una caja en la que no se puede reconocer nada. ¿Por qué no hay una sola fotografía reconocible? ¿Por qué nadie se tomó la molestia de hacer una buena fotografía cuando el cuerpo fue descubierto? Y ¿por qué tampoco hay una placa tomada durante la autopsia o en el momento de la exhumación y de la segunda inhumación?

En el jardín de la Cancillería se encontraron 15 cadáveres, entre los cuales había algunos de mujeres y 5 dobles de Hitler. La mayoría de los dobles fueron asesinados en los alrededores de la Cancillería. Uno de esos dobles tenía en la frente un impacto de bala de 10.5 mm. Uno de los hombres del cuartel general del primer ejército ruso, decía:

"No, este no es Hitler. Este es mucho más joven."

Los prisioneros nazis confirmaron eso.[86]

Uno de los alemanes sabía dónde todavía era posible encontrar cuerpos. Según lo que decía, él mismo había enterrado los cuerpos de una mujer y de un hombre a 12 metros de distancia, en un cráter de bomba a la entrada del búnker.

Ambos cuerpos desenterrados estaban quemados e irre-conocibles. En la boca del cadáver del hombre, la mayoría de los dientes estaban separados. Esto daba la impresión de que verdaderamente se trataba de otra persona. Al lado del cuerpo se encontraron fragmentos de una prótesis. La pierna izquierda estaba completamente quemada, como si se quisiera esconder una herida que Hitler no tenía. El resto del cuerpo estaba quemado ligeramente, lo que bastaba para hacer imposible toda huella digital. Los soviéticos informaron a Stalin sobre lo que encontraron.

---

86. Giordan Smith, "Fabricating the Death of Adolf Hitler", en *Nexus*, [Australia, Vol. 15, nº 1], diciembre de 2007 (Parte 1), y enero de 2008 (Parte 2).

Las autopsias de los cuerpos se realizaron el 8 de mayo de 1945. Ese día, dos médicos legistas rusos, Faust Sherovsky y la comandante Anna Marantz, realizaron la autopsia de los cuerpos. El cuerpo que debía ser el de Eva, no mostró ninguna huella de envenenamiento con cianuro.[87] Esto fue confirmado por los análisis sanguíneos. El veneno fue colocado en su boca después de su muerte.

Las investigaciones demostraron que ella murió a causa de esquirlas de granadas en el pecho, fue una víctima de la guerra. Además, se constató que esta mujer tenía dientes cariados. Fue uno de los numerosos cadáveres que se consideraron como el de Eva Braun. Como ya lo mencionamos, durante los últimos días de la guerra los alemanes estaban derrotados, había demasiados muertos que se apilaban en cada esquina.

Varios historiadores han demostrado que el cráneo que se presentó para la autopsia como el de Hitler no era aquel que tenía los dientes sueltos. Es decir, el cráneo que fue encontrado a 12 metros de distancia en un cráter formado por la caída de una bomba a la entrada del búnker. El cráneo presentado para la autopsia era sin lugar a dudas de otro cadáver, probablemente otro doble de Hitler. Según el equipo que realizó la autopsia, la boca del cadáver estaba perfectamente intacta.

"La mandíbula superior mostraba puentes."[88]

---

87. Hugh Thomas, *Doppelgängers: The Truth about the Bodies in the Berlin Bunker*, [Londres], Fourth Estate, 1995, p. 131.
88. D. Marchetti, "The Death of Adolf Hitler - Forensic Aspects", en *Journal of Forensic Sciences*, septiembre de 2005, p. 1148.

El informe de la autopsia del 8 de mayo consideró que "tal vez" era el cadáver de Hitler.[89]

Se investigó también la sangre sobre el sofá en el búnker. La sangre que se encontró no era ni la de Hitler ni la de Eva Braun. Era la sangre de un hombre, probablemente del doble asesinado en la oficina de Hitler.[90]

Los soviéticos decidieron utilizar los dientes descompuestos y los fragmentos que se encontraron al lado de otro cráneo —no el que tenía un impacto de 10.5 mm—, para establecer la identidad de Hitler. Sobre este punto, tuvieron que localizar a su dentista, el general de las SS doctor Hugo Blaschke. Cuando llegaron a su consultorio en la avenida Kurfürstendamm, constataron que había desaparecido.[91] Esto no les sorprendió. Blaschke había ejercido en los campos de Dachau, Buchenwald y Oranienburg. Por esta razón había preferido esconderse al sentir que su propia seguridad podía verse amenazada. Sus pacientes fueron retomados por el doctor Fedor Brück (quien lo había sucedido), un dentista judío que escapó a la deportación, escondiéndose durante dos años y medio en Berlín.[92]

Los archivos médicos del doctor Blaschke todavía se encontraban en el consultorio. Los archivos de Himmler, de Goebbels y de Göring estaban en el lugar y se los

---

89. Otro fragmento de cráneo descubierto en 1946 se expuso en Rusia como una prueba del suicidio de Hitler. Científicos de la Universidad de Connecticut estudiaron el fragmento del cráneo y dedujeron que pertenecía a un joven cuya edad al morir se situaba entre los 20 y los 40 años.
90. Giordan Smith, *op. cit.*
91. Greg Hallet, *op. cit.*, p. 298.
92. Giordan Smith, *op. cit.*

llevaron,[93] pero los de Hitler y de Eva Braun habían desaparecido.[94] Ningún periodista, ningún historiador, ningún político o incluso científicos serios, ¡nadie se preguntó por qué!

"Las investigaciones no fueron completamente vanas: el doctor Brück informó a los oficiales soviéticos dónde podían encontrar a la asistente de Blaschke, Käthe Hausermann, y al dentista Fritz Echtmann."[95]

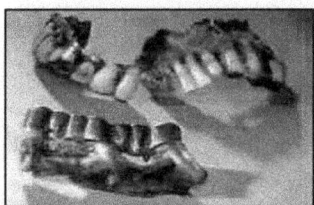

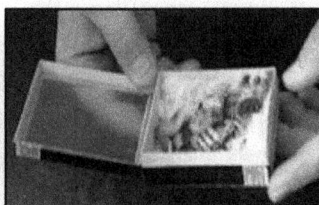

Supuestos fragmentos de la dentadura de Hitler

Käthe Hausermann y Fritz Echtmann fueron conducidos a la Cancillería del Reich donde se inició una investigación sin resultados sobre los documentos relativos a la dentadura de Hitler.[96] Al día siguiente el 10 de mayo, se les

---

93. *Idem.*

94. Hugh Thomas, *op. cit.*, p. 229.

95. Kay Lutze, "Von Liegnitz nach New York: Die Lebensgeschichte des jüdischen Zahnarztes Fedor Brück (1895-1982)" ("De Legnica a Nueva York: la historia del dentista judío Fedor Brück [1895-1982]"), en *Zahnärztliche Mitteilungen Online* [Berlín], n° 10, 16 de mayo de 2006, pp. 124-127.

96. Los documentos sobre la dentadura de Hitler y de Eva Braun nunca fueron encontrados. Paul Manning afirma en su libro *Martin Bormann, Nazi in Exile, (Martin Bormann, nazi en el exilio)*, Nueva York [Secaucus, Nueva Jersey, Lyle Stuart], 1981, p. 182:

llevó a la sede del SMERSH (departamentos de contrainteligencia en la Unión Soviética), para examinar los restos. Según los soviéticos, las mandíbulas se guardaron en una caja de puros, para facilitar las investigaciones.[97]

No se trataba de las mandíbulas del cráneo que tuvo un impacto de 10.5 mm en la frente, y en el que se realizó una autopsia, sino de otro cráneo con dientes espaciados y los fragmentos de una prótesis.

Käthe Hausermann afirmó que se trataba de la dentadura de Hitler.[98] Ella reconoció una corona en la mandíbula superior que servía de pilar para una prótesis. Esta última se había roto, porque el otro pilar se había quitado. La operación había dejado marcas que Käthe Hausermann reconoció de inmediato.[99]

Ella también reconoció las marcas del uso de la fresa dental sobre el cuarto diente de la mandíbula superior. Las marcas venían de la extracción de un diente de al lado, efectuado en el verano de 1944 por el doctor Blaschke.[100]

"Bormann tomó los informes médicos dentales de los archivos de la Cancillería".

97. SMERSH (Muerte a los espías) fue el nombre de departamentos de contraintelegencia en la Unión Soviética formada durante la Gran Guerra Patriótica (Segunda Guerra Mundial), para proteger primeramente al Ejército Rojo y, secundariamente, para arrestar a los "traidores, desertores, espías y elementos criminales".

98. V. Vinogradov, J. Pogonyi y N. Teptzov, *op. cit.*

99. *Winnipeg Free Press* [Winnipeg, Manitoba, Canadá], 3 de mayo de 1946.

100. V. Vinogradov, J. Pogonyi y N. Teptzov, *op. cit.*, pp. 97-99.

Käthe Hausermann testimoniaba:

"Yo mantenía un espejo en la boca y observaba todo el procedimiento."[101]

Las afirmaciones de Käthe Hausermann sobre la dentadura de Hitler son falsas. A principios de 1948, el dentista de Hitler dio una entrevista en una prisión estadounidense en la que declaró:

"Hausermann no puede identificar la dentadura de Hitler, porque ella apenas vio algunas radiografías de los dientes.[102] Y contrariamente a la declaración que hizo a los soviéticos, nunca fue asistente de Blaschke."[103]

Käthe Hausermann afirmó a los soviéticos que también trabajó en la dentadura de Eva Braun, pero cuando se le mostró una prótesis con cuatro dientes, dijo que pertenecía a Eva:

"Nosotros la preparamos para ella hace seis semanas."[104]

El *puente dental* que se preparó seis semanas anteriores, solamente tenía un diente, y no cuatro. El *puente dental* con un diente no se adaptaba y nunca lo usó Eva Braun. Esta afirmación la hizo Fritz Echtmann.[105]

Cabe señalar que la reciente publicación sobre este asunto, se encuentra desprovista de resúmenes provenientes de los interrogatorios a que fue sometida Hausermann. Esta publicación es una recopilación de documentos que provienen de los archivos soviéticos los cuales deberían

---

101. *Ibid.*, p. 97.
102. "Dentist says Russians have Hitler's Jaw", en *Oakland Tribune* [Oakland, California], 6 de mayo de 1948.
103. Giordan Smith, *op. cit.*
104. *Idem.*
105. *Idem.*

probar que los cadáveres encontrados por ellos eran verdaderamente los de Hitler y de Eva Braun.

Por otra parte, la realidad de que Hausermann fuera interrogada en varias ocasiones por los servicios secretos rusos, muestra que cada vez más salen a la luz informaciones contradictorias y que se comienza a dudar de sus declaraciones.[106] Una parte de estas se transcribe en el libro *Hitler's Death*.[107]

El hecho de que los soviéticos hicieran las mismas preguntas prueba claramente que no habían encontrado el cadáver de Hitler.

Hausermann fue condenada a 10 años en un Straflager (campo disciplinario) soviético, bajo cargode haber atendido a Hitler y a otros miembros de la élite nacional-socialista hasta abril de 1945.[108] Ella nunca volvió, y podemos deducir que desapareció en el sistema penitenciario de Stalin.

También podemos pensar que Hausermann fue condenada, por su actividad de asistente dental. Es mucho más probable que haya sido sancionada por una tentativa de obstrucción a la verdad al dar la versión que los soviéticos querían escuchar.

---

106. V. Vinogradov, J. Pogonyi y N. Teptzov, *op. cit.*, pp. 95-100.
107. El informe del interrogatorio de cinco horas incluye solamente pocas páginas y requiere poco más de diez minutos, lo que suscita la pregunta sobre lo que se abordó en el tiempo restante. Además, el informe contiene informaciones que provienen de dos interrogatorios realizados en un periodo de dos años: el 19 de mayo de 1945 y el 24 de julio de 1947. Las informaciones no se mencionan con su fecha correspondiente.
108. V. Vinogradov, J. Pogonyi y N. Teptzov, *op. cit.*, pp. 96, 102.

El doctor Robert Dorian médico legista canadiense, afirma que los fragmentos de dientes que poseían los soviéticos no correspondían en absoluto a los dientes de Hitler.

"No solamente el espacio entre los dientes era diferente, además Hitler tenía una hendidura lineal en la superficie de uno de sus dientes, así como un diente de porcelana, características que no se encontraron en su cadáver. Se efectuaron varias intervenciones en un *puente dental* de la mandíbula inferior. Esto no estaba presente en los restos Hitler."[109]

¿Los soviéticos disponían de los fragmentos dentales de un doble de Hitler?

En 1954, Fritz Echtmann afirmó:

"Además del *puente dental*, se había hecho una prótesis dental. También había dos líneas sobre las placas de la radiografía."[110]

Echtmann y Hausermann, bajo la conducción del doctor Kunz realizan el 20 de abril de 1954 en la Cancilleria del Reich, una prótesis dental para el doble de Hitler. Los dientes artificiales eran de resina sintética.

Como ya se mencionó, los soviéticos encontraron algunos fragmentos de una prótesis al lado del cuerpo del doble, en el cráter dejado por una bomba a 12 metros del acceso a la salida de emergencia (Plano del búnker n° 3, p. 79). ¿Era la misma prótesis que fue preparada el 20 de abril por Echtmann y Hausermann?

Esta prótesis de resina artificial estaba bien conservada. El cuerpo estaba totalmente incinerado. La resina había sido obtenida alrededor de 200° Celsius. Esta prótesis era

109. *San José Mercury*, [San José, California], 2 de febrero de 1987.
110. Declaración hecha por Fritz Echmann en 1954.

parecida a la que fue voluntariamente colocada al lado del cuerpo prácticamente incinerado.

El doctor Fedor Brück

Para identificar la dentadura del cadáver, los aliados buscaban desesperadamente al doctor Blaschke que había huído con anterioridad.

Con la ayuda de Hausermann, se dio con el paradero del doctor Brück. Éste había reemplazado al doctor Blaschke en alguna ocasión y Hausermann había sido alumna de él, mientras éste trabajaba de maestro en una escuela de dentistas en su pueblo natal de Liegnitz.

El doctor Brück contribuyó de manera consciente a identificar como verdadero el cuerpo del doble de Hitler.

Cuando los interrogadores rusos entraron en el consultorio, el doctor Brück conocía con precisión el motivo de su visita. Les preguntó si buscaban a alguien para identificar los fragmentos que habían encontrado.[111] Aunque no era difícil adivinar que intentaban identificar un cadáver, la utilización de la palabra "fragmentos" fue un lapsus. Lo que con frecuencia se designaba como la mandíbula de Hitler, en realidad son cuatro fragmentos. Brück ya debía saber que no se trataba de la identificación de una dentadura completa. Su lapsus indicaba claramente que formaba parte de una puesta en escena que tenía como objetivo hacer creer a los soviéticos que ellos habían

---

111. El doctor Brück recuerda: "Cuando pregunté si los documentos que ellos buscaban exigían una identificación de los fragmentos de los dientes encontrados, el primer teniente se enojó y se puso el dedo frente a la boca. Esto me dio la impresión de que yo estaba en la pista correcta" (Declaración de Lutze Brück, nieto de Brück, en 2006).

encontrado los cadáveres de Hitler y de Eva Braun. No obstante, los soviéticos no notaron ese detalle.[112]

De este escenario surge que el doctor Brück había hecho una negociación con los nazis. A cambio de sus servicios y de la transmisión de sus informaciones sobre el lugar de residencia de Hausermann, él hubiera podido, por ejemplo, conseguir el consultorio del profesor Blaschke en la avenida Kurfürstendamm.

El profesor Hugo Blaschke

La única persona capaz de identificar la dentadura de Hitler era el profesor Blaschke. Los soviéticos no pudieron ir más lejos con Hausermann. Por consiguiente, debieron estar muy satisfechos cuando en julio de 1945, Blaschke apareció como prisionero en un campo estadounidense. Ellos enviaron a este detenido de suma importancia todo el material necesario para que reconstruyera de memoria la mandíbula de Hitler.

Según los soviéticos, el resultado coincidía con la mandíbula que Hausermann había identificado como la de Hitler.[113] Pero esta conclusión nunca fue publicada.

De hecho la información que Blaschke dio a los soviéticos brilla por su ausencia, como muchos otros elementos en la obra *Hitler's Death: Russia's Last Great Secret from the files of the KGB*. Y, si la reconstrucción de la mandíbula había ayudado a los soviéticos en la identificación de Hitler, no hay ninguna razón para no mencionar en el libro este hecho capital. Sobre todo, parece que Blaschke confirmaba lo que los soviéticos ya sabían: se les había manejado al

---

112. Giordan Smith, *op. cit.*
113. *Idem.*

antojo. Es evidente que ellos sabían que no estaban en posesión del cadáver de Hitler, y que la reconstrucción de Blaschke no era la de la mandíbula de Hitler.[114]

Aunque los estadounidenses tuvieron detenido a Blaschke de mayo de 1945 hasta finales de 1948, él nunca les proporcionó ninguna información sobre la dentadura de Hitler. El 5 de febrero de 1946 por ejemplo, Blaschke fue interrogado, en esa ocasión por el servicio de información militar. El informe del interrogatorio nunca fue publicado y hasta nuestros días se mantuvo en secreto.[115]

En 1946 los estadounidenses estaban dispuestos a publicar informaciones según las cuales los soviéticos habían encontrado el cadáver de Hitler. Pero los datos que venían de Blaschke, entregados consciente o inconscientemente, contradicen en mucho la hipótesis del esqueleto de Hitler encontrado por los soviéticos.

También es difícil extraer una conclusión verídica a partir de una entrevista en 1948 que Blaschke, detenido en una prisión estadounidense dio sobre el tema. En efecto, Blaschke hizo dos observaciones que ponían en duda que los soviéticos estuvieran en posesión de la mandíbula de Hitler.

En primer lugar, él afirmaba como previamente lo hemos visto, que Hausermann no habría podido identificar la

---

114. *Indiana Evening Gazette*, [Indiana, Pensilvania], 5 de mayo de 1948.
115. *United States Forces in the European Theater: Military Intelligence Service Center, Final Interrogation Report* n° 31 (O1-FIR n° 31), *Hitler's Teeth*, 5 de febrero de 1946. Una copia de este documento se encuentra en colección personal de William Russell Philip, Archivos del Instituto Hoover, Universidad de Stanford, Stanford, California.

mandíbula de Hitler. En segundo lugar, Blaschke propuso a los soviéticos que le permitieran verla:

"¿Por qué los soviéticos no me dejaron observar la mandíbula? De un vistazo soy capaz de decir si se trata de la mandíbula de Hitler o no."[116]

En otras palabras: Blaschke nunca había visto la mandíbula en cuestión. Esto también explica por qué los resultados nunca fueron publicados. No era más que una sarta de mentiras.[117] Blaschke fue liberado años más tarde, y trabajó como dentista en Nuremberg hasta el final de su vida. Ya no hizo ninguna declaración sobre la dentadura de Hitler.

Los cadáveres que los soviéticos consideraban como los de Hitler y de Eva Braun fueron enterrados y exhumados al menos en tres ocasiones, una de las cuales fue en una ubicación secreta en Berlín y después en Finov, Unión Soviética. En esta misma ciudad se realizó una autopsia al cadáver del supuesto Hitler. Las principales conclusiones fueron:

- Fuertemente dañado por la incineración. Hombre de entre 50 y 60 años, 165 cm de estatura.
- Ningún rastro visible de heridas mortales o de enfermedades.
- Causa de la muerte: envenenamiento por absorción de cianuro.

Después de la autopsia, los cuerpos fueron llevados a Alemania y fueron enterrados en Rathenau. Un mes más tarde se volvieron a exhumar y fueron transferidos a Friedrichshafen, donde se pidió a Harry Mengershausen, un guardia de Hitler que pertenecía al Servicio de

---

116. *Oakland Tribune* [Oakland, California], 6 de mayo de 1948.
117. Giordan Smith, *op. cit.*

Seguridad del Reich que los identificara. El asunto quedó ahí. Por motivos desconocidos, la identificación no se llevó a cabo: Mengershausen nunca vio los cuerpos.

¿Por qué los cadáveres no se mostraron a los testigos alemanes que eran prisioneros de los soviéticos?

Aunque en 1946 en presencia de Linge, Günsche y Hofbeck, los soviéticos insistieron en la identificación del cadáver de Hitler, esas investigaciones nunca sucedieron. En una entrevista del 20 de junio de 1956, Günsche declaró:

La afirmación según la cual Adolfo Hitler fue completamente incinerado con gasolina es correcta. Las partes del cadáver se expandieron y quedaron destruidas por el bombardeo. Los pesados ataques y el fuego de napalm duraron hasta el 2 de mayo. No quedó nada que hubiera podido proporcionar pistas. Solamente puedo menear la cabeza cuando escucho las afirmaciones de supuestos testigos.

La mayoría no estaba presente en la incineración. Otros supuestos testigos repetían lo que habían escuchado de otras personas. Muchas de estas declaraciones que fueron sostenidas después de la guerra fueron repetidas en diferentes ocasiones. Este hecho explica por qué nadie estuvo en la capacidad de probar lo que quedaba del cadáver de Hitler o dónde se le podía encontrar. Ninguna declaración puede ser probada. Todas son un invento. El cadáver del Führer y el de su esposa eran irreconocibles por diferentes razones Los soviéticos nunca estuvieron en condiciones de mostrar en público los restos de Hitler, lo que de seguro hubiera pasado de haberlo encontrado. Si el cadáver de Hitler hubiera sido encontrado, no se me hubiera hecho hablar durante tanto tiempo, no solamente a mí, sino tampoco a otros supuestos testigos. Las audiencias duraron mucho tiempo y sin cesar se me planteaban las mismas preguntas. Finalmente la realidad según la cual no habían encontrado el cadáver me dió mucha satisfacción.

En otra ocasión Günsche explicó que los dos cuerpos fueron incinerados completamente hasta quedar reducidos a cenizas. Esto es totalmente imposible ya que la gasolina solamente permite quemar la grasa.

Una parte de los resultados de la autopsia realizada por los rusos fue abierta en 1968. Se comunicó que los daños en el cráneo solamente pueden ser provocados a una temperatura mínima de 1000° C. Ahora bien, esta temperatura no puede ser obtenida a cielo abierto, es decir, en el jardín de la Cancillería del Reich.[118]

Según W. F. Heimlich, un alto ex-oficial del servicio de información del ejército estadounidense en Berlín, los cadáveres tendrían que haber sido colocados en un crematorio cerrado para producir las condiciones necesarias para una incineración.

Los militares rusos y estadounidenses que estaban en la Cancillería coincidieron en el hecho de que Hitler había escapado del búnker y que estaba en libertad.

En Berlín, las agencias de prensa comunicaron con certeza que Hitler todavía estaba vivo. Algunas semanas más tarde, Eisenhower argumentaba en una estación de radio holandesa, *Radio Herrijzend Nederland*, que hay razones para pensar que Adolfo Hitler se había escapado y vivía en libertad.

---

118. D. Marchetti, *op. cit.*, p. 1150.

Debido a que Hitler había ayudado a las fuerzas armadas de Franco en la guerra civil española, Stalin acusaba al general español de esconder al Führer el 2 de Agosto.[119]

James F. Byrnes, exsecretario de Estado estadounidense, escribe en su libro *Speaking Frankly* (*Hablemos claramente*):

"Durante la conferencia de Potsdam del 17 de julio al 2 de agosto de 1945, Stalin se levantó de su silla, se me acercó y brindó. Le pregunté:

—Mariscal Stalin, ¿cuál es su teoría sobre la muerte de Hitler?

Stalin respondió:

—Hitler no está muerto. Escapó a España o a Argentina."[120]

James F. Byrnes afirma que los servicios secretos británicos y estadounidenses utilizaron dobles de Hitler para desviar la atención del mundo hacia Argentina, lejos de España. Gracias a esto, Hitler pudo sobrevivir durante años en España.[121]

Y, oficialmente, el cadáver de Hitler no existía. Según fuentes soviéticas los restos fueron destruidos en 1970 con los de nueve personas más: Eva Braun, Goebbels y su esposa Magda, así como sus seis hijos. Inmediatamente fueron enterrados juntos en las cercanías de la sede de la KGB, en Magdeburgo, en la antigua RDA.

---

119. Greg Hallet, *op. cit.*, p. 352.
120. James F. Byrnes, *Speaking Frankly*, Nueva York [Harper], 1947.
121. James F. Byrnes, *op. cit.*, p. 380.

Capítulo 12

Los servicios secretos

Como ya lo hemos visto, Hitler debía perder la guerra por órdenes de sus instigadores. Los nazis y los servicios secretos de los aliados estaban en contacto permanente durante la guerra.

Hacia el final de la guerra, se fundó la Central Intelligence Agency (CIA) producto de la fusión de la Office of Strategic Services (OSS), el servicio secreto estadounidense, con los servicios secretos nacionalsocialistas del general de las SS Reinhard Gehlen.

Hacia finales del año 2000, los Archivos Nacionales y Administración de Documentos (NARA) de los Estados Unidos (National Archives and Records Administration) revelaron que la CIA mantuvo vínculos secretos durante 50 años con el general Gehlen. Esto se hizo público en el marco de la celebración del Acto por la Libertad de Información (Freedom of Information Act), así como en el Acto de desclasificación de los crímenes de4 guerra nazi (Nazi War Crimes Disclosure Act) de Carl Oglesby.[122]

Poco antes del derrumbe del III Reich, muchos nacional-socialistas fueron transferidos a Estados Unidos para trabajar en la ciencia, el ejército o incluso en el programa espacial estadounidense. Werner Osenberg, comandante del servicio científico de la Gestapo fue el responsable de seleccionar éstos científicos. Es así como Werner von Braun y numerosos científicos, fueron enviados a Fort Bliss, en las cercanías de El Paso, Texas.

---

122. Revista *Targets*, octubre de 2000, p. 4.

Entre 1945 y 1948, un número impresionante de altos dignatarios nacionalsocialistas se dirigieron hacia América Latina. Esto fue posible, entre otros, gracias a la colaboración de la compañía holandesa KLM.

El exministro holandés de Asuntos Exteriores, el barón van Boetzelaer van Oosterhout, apoyó la decisión de KLM de ayudar a huir a los dignatarios nacionalsocialistas hacia Argentina, haciendo escala en Suiza.[123]

No solamente se insistió en que huyeran los científicos, sino también los criminales de guerra. Entre ellos se encontraba el oficial de las SS Walter Emil Schreiber, el hombre que dirigió los experimentos sobre el tifus y la gangrena gaseosa entre los prisioneros. Incluso el general Kurt Blome especializado en la guerra biológica, Joseph Mengele y el jefe de la Gestapo, Heinrich Müller, fueron ayudados por la CIA para escapar.

Oficialmente, Müller fue visto por última vez el 2 de mayo por la mañana en el búnker del Führer. Enseguida se perdió su rastro. La agencia militar Counter Intelligence Corps habría dirigido una persecución en su contra. Incluso se afirmó que después de la guerra Heinrich Müller trabajaba por encargo con los soviéticos. Pero numerosos documentos demostraron que nunca había colaborado con los servicios de información soviéticos y que nunca fue objeto de persecución. En realidad el exdirigente del servicio de espionaje de la Gestapo hacía carrera en la CIA. Entre sus funciones estaba a cargo de reclutar a exnazis en Estados Unidos para conformar la Operacion clip de papel (Operation Paperclip).

---

123. Instituto Internacional de Historia Social (Internationales Institut für Geschichte), Ámsterdam, 6 de junio de 2009.

En los archivos secretos de la CIA, Müller afirma que Hitler huyó a España y dio informaciones detalladas sobre diferentes personalidades nacionalsocialistas.

En lo relativo a su propia huida, proporcionó informaciones precisas.

Declaración del jefe de la Gestapo Heinrich Müller

Cuando me escapé de Berlín dejé muy pronto la zona de la Cancillería del Reich y me puse un uniforme de la Luftwaffe (fuerzas aéreas). Me hice pasar por un comandante de las fuerzas aéreas en servicio para el Ministerio de Transporte Aéreo y un especialista en aviones ligeros. También tenía un piloto a quien comprometí para llevar agentes a Suiza y enseguida él tenía la responsabilidad de sacarlos de ese país. Él había organizado un *Storch*, un avión de enlace ligero que puede despegar al cabo de 50 metros y que es particularmente confiable. También podía aterrizar en una zona de 130 metros. El piloto fijó el itinerario y se ubicó poco antes de la frontera con Suiza. Después del aterrizaje atravesé la frontera a pie.[124]

Müller también explicó que financió su huida de Alemania y su nueva vida en Suiza utilizando el dinero de las cuentas secretas de las SS.[125]

---

124. Entrevistas de septiembre/octubre de 1948, entre Heinrich Müller y los servicios secretos estadounidenses. Archivos Nacionales y Administración de Documentos (NARA) de los Estados Unidos (National Archives and Records Administration), Washington, D.C., MU 13-75-96: 16, pp. 37-42.
125. Archivos Nacionales y Administración de Documentos (NARA) de los Estados Unidos (National Archives and Records Administration), Washington, D.C., MU 13-75-96: 16, p. 64.

Las actas de la audiencia de Heinrich Müller, muy detalladas, se realizaron en Ginebra en 1948. Las audiencias fueron dirigidas en gran parte por James Speyer Kronthal, responsable de la CIA en Berna a partir del 21 de abril de 1947. Él gozaba de la plena confianza de sus superiores y era protegido de Allen Dulles, futuro jefe de la CIA.[126]

Hacia el término de las audiencias apareció otro eminente agente de la CIA enviado desde Washington a petición el director de esta Agencia, el almirante Hillenkoether.

Todos los intercambios tuvieron lugar en la casa de Heinrich Müller en Suiza. Dos taquígrafos transcribieron la entrevista. Una de los taquimecanógrafos era Irmgard Krieger. Ella antes había trabajado como secretaria de Müller.[127] Las notas taquigráficas eran tomadas en alemán y enseguida traducidas al inglés para que los estadounidenses las utilizaran.[128]

Müller no solamente proporcionó informaciones detalladas sobre su escape de Berlín, sino que también dio las contraseñas de las cuentas secretas en los bancos suizos de las diferentes personalidades del régimen nacional-socialista. Que Hitler de ninguna manera se suicidó en 1945 sino que huyó a España, es confirmado por Müller, pero nunca quiso revelar dónde encontrar exactamente al

---

126. James Speyer Kronthal fue encontrado muerto el 1 de abril de 1953 en su departamento en Washington. ¡La puesta en escena hacía pensar en un suicidio!

127. Después de la guerra Heinrich Müller había encontrado empleos para sus numerosos colaboradores.

128. El desarrollo de esta entrevista tratada en este capítulo es confirmada por los estadounidenses, pero también por los colaboradores de los servicios de información alemanes, el BND, donde trabajaba Reinhard Gehlen.

Führer.[129]

Pregunta: "¿Los rusos no creen que Hitler murió en Berlín, no es cierto? Ellos piensan que se encuentra en España."

Respuesta: "No tengo la intención de ayudar a encontrar el rastro de Hitler. Métase bien eso en la cabeza. ¿Me ha comprendido? Y no me explique que los servicios secretos estadounidenses estarían sorprendidos de saber que Hitler ha desaparecido. Sé muy bien que usted está tras su pista. Usted no perdería su tiempo si supiera que está muerto, ¿no es así? Tal vez los rusos pueden ir a Madrid y decirle a Franco: 'Buscamos a Hitler. ¿Nos ayuda por favor?' Y sería la última de las cosas que escucharíamos sobre esos rusos. Es probable que ellos sirvieran de fertilizante para los naranjos. Si yo fuera usted, ¡tampoco intentaría este jueguito en el que podría terminar bajo un naranjo!"[130]

Numerosos exnacionalsocialistas encontraron refugio en las islas Canarias. Por ello, muchos creyeron que Hitler no estaba en Barcelona, sino en las islas Canarias.

Lo que si está comprobado que en Fuerteventura, en la península de Jandia, había una fortaleza alemana llamada Villa Winter a la cual solamente se podía acceder por helicóptero. Según las declaraciones de los habitantes, Bormann, Mengele y otros nacional-socialistas vivieron una temporada ahí hace mucho tiempo.

---

129. Como ya lo mencionamos, solamente Heinrich Müller, Artur Axmann, el doctor Ludwig Stumpfegger, Martin Bormann y Joseph Goebbels, estaban al corriente de la *Operación Testamento*.
130. Las citas se han tomado del libro de Gregory Douglas *Geheimakte Gestapo-Müller: Dokumente und Zeugnisse aus den US-Geheimarchiven* (*Expediente secreto Müller, Gestapo: documentos y testimonios de los archivos secretos estadounidenses*), [Berg am Stanberger See], Druffel, 1995, pp. 293-294.

La ruta de escape de Martin Bormann

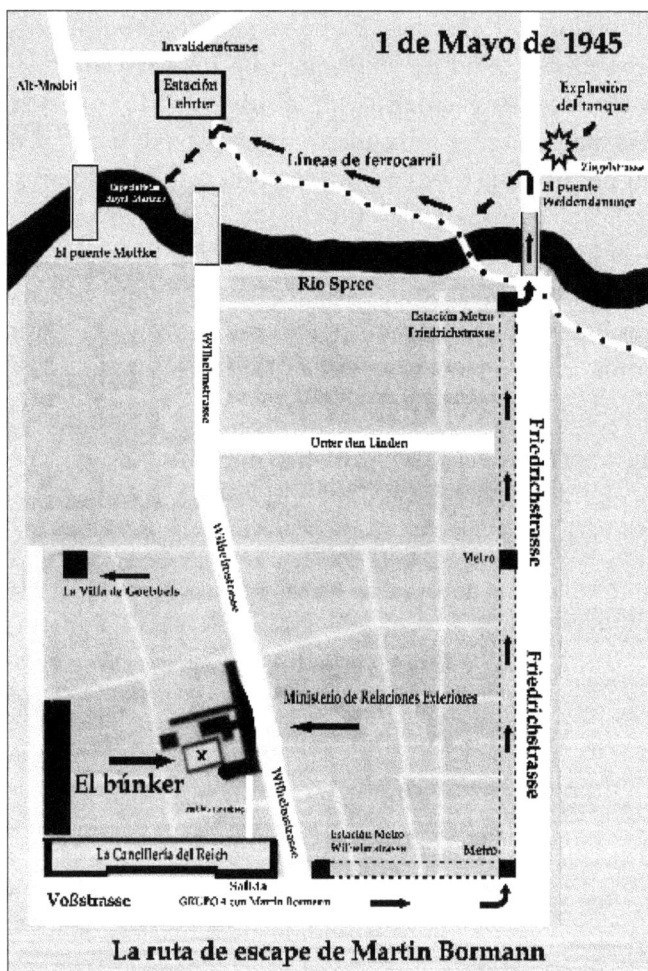

La ruta de escape de Martin Bormann

Capítulo 13

Martin Bormann no murió en Berlín

Como ya lo mencionamos, la noche después de la huida de Hitler, se prepara una huida bajo la dirección de Wilhelm Mohnke. Más de 700 personas se reúnen en el almacén de carbón de la nueva Cancillería del Reich. Los presentes son divididos en seis grupos. Uno después de otro, esos grupos tratan de salir de la Cancillería y huir de Berlín.

Martin Bormann era parte del Grupo 4. Este grupo, dirigido por Werner Naumann, SS-Reichsführer (general mariscal de campo y comandante en jefe de las SS), en su tentativa de escape, fue detenido por los soviéticos en la calle Friedrich (Friedrichstrasse) (esquina Ziegelstrasse), alrededor de las 21:30 horas. La mayoría de los miembros de este grupo cayeron.

El teniente coronel de las SS Erich Kempka declaró que Martin Bormann murió durante los combates en la esquina de la calle Ziegel (Ziegelstrasse) debido a la explosión de un tanque alemán.[131]

Las declaraciones de Kempka son importantes porque con ellas trata de justificar que Martin Bormann murió durante los combates.

¿Podemos fiarnos del testimonio de Kempka? Recordemos que sus relatos sobre el suicidio de Hitler no coinciden.

Además debemos recordar que Erich Kempka ni siquiera formaba parte del Grupo 4, él fue comandante del Grupo 2. Este grupo había llegado sin problemas a la estación del metro de la calle Friedrich.

---

[131]. Declaración de Erich Kempka, del 20 de junio de 1945.

También es importante recordar que tanto Kempka y su Grupo 2 habían pasado el punte de Weidendammer mucho antes de que empezaran los combates y antes de que apareciera el Grupo 4 conjuntamente con Martin Bormann.

Werner Baumann, el líder del Grupo 4 fue capturado en Düsseldorf en 1950. El 18 de diciembre de 1963, el ex jefe de SS explicó a los agentes encargados del interrogatorio que Kempka estaba equivocado. Que era cierto que muchos cayeron durante los combates en la calle Ziegel (Ziegelstrasse), pero no Martin Bormann. Después de la explosión del tanque, Bormann todavía estaba vivo y se encontraba a lado de un cráter dejado por una bomba.

Según Werner Baumann, de las 60 personas del Grupo 4 solo 11 sobrevivieron a la artillería soviética. Entre los sobrevivientes había reconocido a Artur Axmann, Ludwig Stumpfegger y Martin Bormann. Juntos huyeron por las líneas de ferrocarril en dirección a la estación Lehrter.

Cuando llegaron a la estación Lehrter, la artillería soviética disparaba intensamente. Es por esto que Baumann dicidió separar los 11 sobrevivientees en tres grupos. Artur Axmann huyo con un grupo por Alt-Moabit, y Werner Baumann con otros dos oficiales por la calle Invaliden (Invalidenstrasse). Martin Bormann y tres otras personas huyeron hacia el río Spree.

También Artur Axmann fue un testigo importante en la muerte de Martin Bormann. Axmann explicó que él y su grupo habían regresado a la calle Invaliden debido a los combates en el Alt-Moabit. Cuando huían por la calle Invaliden, él vio a Martin Bormann y Ludwig Stumpfegger muertos a lado de un puente.

Aunque oficialmente se aceptara que Bormann estaba muerto, paradójicamente la justicia consideró que había escapado. Debido a ésto durante el Juicio de Núremberg, Bormann fue condenado a muerte en ausencia.

¿Qué es lo que realmente pasó con Bormann? ¿Logró Bormann salir de Berlín?

Plan de escape

Hacía tiempo, que Martin Bormann conocía que la guerra estaba perdida y buscaba una salida de emergencia. Así mismo sabía que los británicos tenían gran interés en ayudarle escapar. Como lo mencionamos anteriormente, Bormann administraba el botín de los nazis: las cuentas en Suiza y en Argentina se habían engrosado con millones de marcos. Bormann tenía los códigos de todas las cuentas secretas, así como las llaves de los cofres que contenían joyas, diamantes, objetos de arte, cuadros de los grandes maestros que provenían de las zonas ocupadas. No hay ninguna duda de que Bormann podía ser de mucha utilidad para los británicos.

A comienzos de 1945, el Ministro de Asuntos Exteriores Joachim von Ribbentrop, Ian Fleming y Bormann se reunieron en secreto para preparar un plan de escape (Operación James Bond).

En su obra *Operation James Bond. Das letzte große Geheimnis des Zweiten Weltkriegs* (*Operación James Bond - El último gran secreto de la Segunda Guerra Mundial*), Christopher Creighton expone detalladamente la huida de Martin Bormann. Creighton ofrece un verdadero tesoro de información.[132] Muchas preguntas sobre las que los supuestos historiadores se quedan en el error, encuentran en esas páginas respuestas sumamente instructivas.

Según el agente secreto John Ainsworth-Davis, él, Ian Fleming y la teniente Barbara Bravenov habrían aterrizado en paracaídas cerca de Berlín algunos días antes de la huida programada de Bormann. Habían previsto reunirse con Bormann en la estación de la calle Friedrich, cerca del puente Weidendammer, el 1ero. de mayo.

Según el plan, Ainsworth-Davis, Fleming y Bravenov llegaron al lugar de la cita. Allí esperarían todo el día hasta que Bormann apareciera. A su llegada, a las 21:15 se confunden con los 60 miembros del Grupo 4.

Ainsworth-Davis declararía que durante los combates sucedidos alrededor de la estación de trenes, tanto él como Lehrter, Fleming, Bormann y Bravenov regresaron al río Spree. Después de haber recibido un mensaje de su jefe el comandante Desmond Morton de la sección M, Fleming se separa del grupo. Es aquí donde por primera vez se le informó sobre la Operación Testamento (plan del escape de Hitler).

Bormann y los demás atravesaron el río Spree evadiendo las líneas de combate rusas hasta la desembocadura del río Elba donde la Marina británica había anclado.

Bormann fue trasladado a Inglaterra donde se quedó hasta 1956. En varias ocasiones visitó a los miembros de la élite nacionalsocialista que habían viajado a Argentina y otros países de América del Sur.

---

132. Las informaciones proporcionadas por Christopher Creighton fueron confirmadas por mis informantes y cuidadas por mí en la presente obra.

Aunque oficialmente Bormann fue declarado muerto, las investigaciones para encontrarlo continuaron durante varios años.

Martin Bormann es considerado como un criminal de guerra. Extrañamente, los investigadores no tenían de él ni una fotografía ni siquiera una descripción detallada. El Tribunal Militar de Núremberg disponía de varias fotografías de buena calidad de Bormann que se entregaron a los servicios secretos de los aliados. Hay que apuntar que este Tribunal contaba con un gran número de fotografías encontradas entre los efectos personales de Hitler y de Eva Braun.[133]

La sección M fue solicitada más de una vez para proteger a Bormann. Normalmente se utilizaba pistas falsas utilizando dobles para el efecto. Por ejemplo en el otoño de 1946, se hizo correr el rumor de que los nazis se habían refugiado en las alturas de los Alpes. Después de un bombardeo realizado por los estadounidenses los nazis escaparon.

Durante tres días se les persiguió con una unidad especial bajo las órdenes de Ian Bell.[134] Éste explicó que Bormann se encontraba a salvo entre otros nazis que huían, y que él había visto a Bormann con sus propios ojos. Bell pidió la

---

133. Werner Maser, *Adolf Hitler - Das Ende der Führerlegende (Adolfo Hitler, el fin de la leyenda del Führer)*, Rastatt, [Moewig], 1985, p. 16.
134. "Eyewitness to Martin Bormann's Escape from Europe. Nazi Hunter British Colonel Ian Bell" [Video de Youtube, 3:33, Daniel Stamper], 19 de noviembre de 2008. El teniente coronel Bell combatió en África contra el ejército alemán del general Rommel. Después de la guerra se volvió famoso por su actividad de cazador de nazis.

autorización para capturar al grupo de nazis. Para su gran sorpresa se le respondió que dejara escapar a Bormann.

Después de irrefutables investigaciones el conocido cirujano Hugh Thomas determinó que el 29 de abril de 1956 Bormann, protegido por la CIA, viajó de Argentina hacia Paraguay.

Documentos de la policía paraguaya que fueron desclasificados en 1993, confirmaron que Bormann efectivamente llegó a Paraguay. En 1958 se le diagnosticó cáncer de estómago muriendo posteriormente en 1959 en Asunción, capital paraguaya.[135] Fue enterrado en el cementerio de Ortes Itá.

Durante su enfermedad fue cuidado por Joseph Mengele.[136] Desde el 7 de septiembre de 1940, Mengele tenía la nacionalidad paraguaya y durante un largo período fue el médico personal del dictador paraguayo de origen alemán, Alfredo Stroessner. Paraguay era un verdadero nido clandestino de nazis prófugos.[137]

---

135. Werner Maser, *op. cit.*, p. 271.

136. Josef Mengele, en 1949, subió a bordo del *North King* hacia Buenos Aires y vivió varios años en Bariloche. De vez en cuando permanecía en el campo de tortura de Colonia Dignidad en Chile. *Cfr.* Robin de Ruiter, *La venidera transición mundial - Causa de muchas desgracias humanas,* México, 1995, p. 59.

137. Heinrich Müller, Josef Mengele y muchas otras personalidades del régimen nacionalsocialista, así como un doble de Hitler y su esposa, salieron de Argentina después de la caída de Perón y escaparon a Paraguay. Perón escapó de Argentina a bordo de un buque de guerra uruguayo. *Cfr.* Robin de Ruiter, *Anticristo – El poder detrás del Nuevo Orden Mundial,* México, 1999, p. 44.

Después de la muerte de Bormann en Paraguay era necesario difundir la versión oficial de que Bormann "si" había muerto en 1945 en el campo de batalla de Berlín.

A comienzos de 1972 después de que el gobierno de Paraguay, la CIA y los servicios secretos alemanes se reunieron, los restos de Bormann fueron llevados en avión a Berlín donde fueron inhumados en secreto conjuntamente con otro cadáver desconocido en el recinto ferial de Ulap. Un plan maestro que de dar resultado, al ser descubiertos estos restos, se confirmaría la versión oficial de Artur Axmann.[138]

Tal y como se planeó después de dar con estos restos, el Tribunal de Casación de Frankfurt, que oficialmente buscaba a Bormann, determinó "en su último fallo" que los restos encontrados eran los de Bormann y de Stumpfegger y por lo tanto la investigación sobre el caso Bormann estaba cerrada.[139]

En un análisis de ADN realizado en 1998 y dirigido por el médico forense Wolfgang Eisenmenger del Institut für Rechtsmedizin der Universität München (Instituto de Medicina Legal de la Universidad de Múnich) se estableció que en efecto se trataba de los restos de Bormann.

Martin Bormann estaba muerto, sin lugar a dudas. El pequeñno gran detalle era que éste no había caído en el campo de batalla en el Berlín de 1945, sino que había muerto años más tarde en Paraguay.

---

138. Hugh Thomas, *The Murder of Adolf Hitler: The Truth About the Bodies in the Berlin Bunker*, Nueva York, St. Martins'Press, 1996.

[139]. El que solo conoce de los quebrantamientos o infracciones de ley alegados contra los fallos de instancias y, por modo excepcional, de errores sobre hecho y prueba.

Esta alegación fue confirmada por Hugh Thomas, entre otros, un cirujano y médico forense de reconocida reputación internacional. Él descubrió alúmina en el cráneo de Martin Bormann, que es un óxido de aluminio que mezclado en la naturaleza en estado puro y cristalizado en forma de arcilla la cual es una variedad de arcilla que no se encuentra en Berlín sino únicamente en Paraguay, entre otros en el cementerio de Ortes Itá.[140]

Para finalizar, se menciona que en el cuerpo encontrado de Bormann en 1972, las amalgamas dentales así como un puente dental fueron realizados después de 1945. En los archivos oficiales de Bormann relativos a su dentadura no aparece ningún dato sobre amalgamas o un *puente dental*.[141]

Por supuesto, Bormann vivió después de 1945.[142]

---

140. H. Thomas, *op. cit.*, p. 213.
141. Ch. Creighton, *op. cit.*, p. 259.
142. Robin de Ruiter, *La venidera transición mundial - Causa de muchas desgracias humanas*, México, 1995, p. 44.

Capítulo 14

La misión secreta de Rockefeller

Jenny Estrada es una de las historiadoras más respetadas y eminentes de Ecuador. En su libro *La Segunda Guerra Mundial: Lista Negra en Ecuador* cuenta la historia poco conocida de la deportación de miles de alemanes étnicos, japoneses, italianos y sus familias latinoamericanas, residentes en varios países de América Latina que fueron internados en campos de concentración en los Estados Unidos antes y durante la Segunda Guerra Mundial.

"Seguridad nacional" fue la explicación oficial del gobierno de Estados Unidos para las incautaciones. Sin embargo, el verdadero propósito era reemplazar los intereses económicos japoneses, italianos y alemanes en América Latina con los de los Estados Unidos. Esta toma de prisioneros tenía otro fin. Utilizarlos como trueque con los países del Eje que mantenían prisioneros estadounidenses.

Cinco meses antes del ataque de Pearl Harbor, un programa secreto e ilegal de internamiento en Latino America para identificar y encarcelar civiles hizo su primer movimiento bajo la dirección de Nelson Rockefeller. Sometidos a una presión intensa, quince países latinoamericanos cooperaron con este programa de encarcelamiento y deportación. Debían hacerlo en una forma sutil y secreta, de tal manera que nadie puediera sospechar que la orden venía impuesta por los Estados Unidos.

Para dicho efecto, cinco meses antes del ataque de Pearl Harbor, Rockefeller invitó a Estados Unidos a 130 periodistas sudamericanos con todos los gastos pagados.[143] Así fueron preparados para su misión al llegar a su país de origen: "la propaganda de desprestigio contra los ciudadanos alemanes que residían en América Latina".[144] A partir de julio de 1941, los periódicos de todos los países latinoamericanos, publicaron las infames "listas negras".

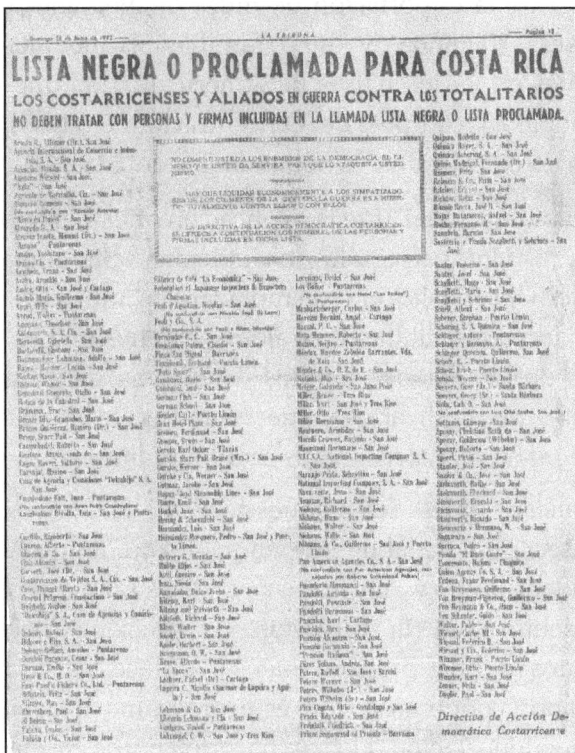

Lista negra en Costa Rica

---

143. Giles Scott-Smith, *Networks of Empire: The U. S. State Department's Foreign Leader Program in the Netherlands, France and Britain 1950-1970*, Bruselas, [Peter Lang], 2008.

144. Jenny Estrada, *II Guerra Mundial: Lista negra en Ecuador*, Guayaquil, 2006.

Con excepción de Argentina que rechazó su colaboración en la lista negra, todos los gobiernos de América Latina aceptaron salvo amenaza de bloqueo económico, en algunos casos, el programa de Rockefeller.

Los inocentes civiles extranjeros y sus familias latinoamericanas, cuyos nombres aparecían en la lista eran considerados "subversivos potenciales", y el día del ataque de Pearl Harbor, la policía local en Latinoamérica comenzó a arrestarlos. Las "listas negras" también afectaron a empresas y particulares que no tenían conexión con las potencias del Eje. Profesores, sacerdotes, periodistas, propietarios de negocios o cualquier persona que tuviera un puesto en una organización cultural o club étnico alemán , italiano o japonés, también eran señalados. El simple hecho de tener apellido alemán por algún ascendente de muchas generaciones atrás, era motivo para ser señalado y encarcelado.

Sospechosos de espionaje y de colaboración con el enemigo, miles de ciudadanos alemanes, descendientes de alemanes en tercer y cuarto grado, así como sus cónyugues del país latinoamericano y por consiguiente sus hijos, fueron perseguidos y encarcelados, llevados súbitamente a centros de detención local y retenidos sin audiencias o recursos legales, la mayoría de ellos nunca había estado siquiera en Alemania ni conocía el idioma y menos aún las costumbres.

Todas sus propiedades y dinero fueron confiscados, y se les prohibió ejercer su oficio. Después de ser deportados a campos de concentración en los Estados Unidos, muchos de ellos fueron intercambiados en Portugal con ciudadanos estadounidenses civiles prisioneros de Hitler.

Muchas familias judías se encontraban entre estos reclu-
idos. Recibieron un pasaje de ida a uno de los campos de
concentración en Polonia. La mayoría de estos prisioneros
no hablaban alemán ya que eran latinoamericanos. Muchas
familias fueron colocadas en la ciudad de Dresde, muchos
de los cuales murieron durante el bombardeo en Dresde.

Otros fueron enviados a Stalingrado. Entre los prisioneros
también había refugiados judío-alemanes que habían
huido de Europa; ellos también fueron intercambiados por
estadounidenses. Al llegar a Alemania el destino de estas
familias es ya de suponerse.

Argentina

¿Por qué se le permitió a Argentina rechazar implantar la
lista negra en su territorio?

Desde finales del siglo XIX existía una particular relación
amistosa entre Alemania y Argentina. Gracias a esto se
llevaron a cabo importantes acuerdos comerciales y militares. También hubo proyectos de intercambio en los
ámbitos de la cultura y de la ciencia. La mayoría de los
profesionales en economía y en el comercio eran alemanes.
Argentina era para Alemania el más importante socio
comercial fuera de Europa.

En Buenos Aires había instalaciones y filiales de Bayer,
Krupp, Thyssen, AEG, y muchas otras grandes empresas.[145]

---

145. Abel Basti, *El Exilio de Hitler: las pruebas de la fuga del Führer a
la Argentina*, Buenos Aires, [Sudamericana], 2010, pp. 43-46. En
este libro las informaciones son particularmente interesantes y
pueden considerarse exactas. Solamente Basti no es consciente de
que se trata de un doble de Hitler en Argentina. Este libro

Durante la Primera y la Segunda guerras mundiales, a lo largo de la costa argentina estaban instaladas las bases secretas alemanas para el suministro de buques de guerra alemanes y submarinos (combustible, alimentos e intercambio de tripulación).[146]

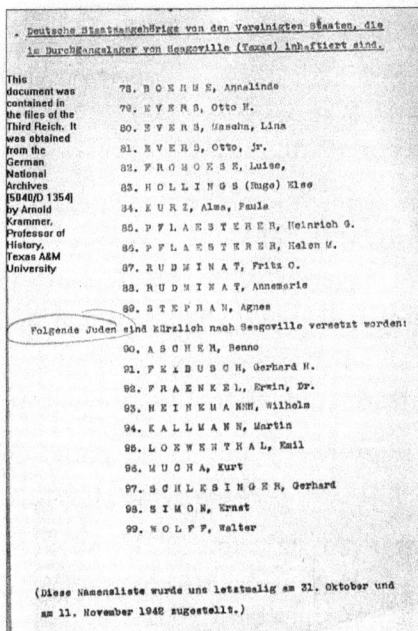

Copia del informe enviado por los Estados Unidos al departamento de Asuntos Exteriores de Alemania donde detalla nombres de ciudadanos judíos procedenetes de Latino America desde el 31 de octubre y 11 de noviembre 1942 (Campo de concentración Seagoville, TX, Estados Unidos)

---

apareció en versión alemana como: Abel Basti, Jan van Helsing, Stefan Erdmann, *Hitler überlebte in Argentinien*, Fichtenau, [Amadeus-Verl], 2011.

146. Robin de Ruiter, La venidera transición mundial - Causa de muchas desgracias humanas, México, 1995, p. 344.

¿Hitler en Argentina?

Cada vez más personas están convencidas de que Hitler no se suicidó. Muchos piensan que viajó con Eva Braun hacia Argentina.

La posición detallada de los soviéticos en 1945, reproducida en este libro, va en ese sentido. Hitler viajó el 29 de abril de Tiergarten en dirección a Hamburgo. En esta ciudad portuaria prosiguió su viaje a bordo de un submarino para llegar a Argentina.

Como lo hemos analizado anteriormente, no eran ni Hitler ni Eva Braun los que subieron a bordo de un avión, en Tiergarten, sino el general Ritter von Greim, Hanna Reitsch y el piloto Jürgen Bosser. Como también afirmamos, los observadores soviéticos vieron subir a Reitsch y von Greim y por error pensaron que eran Hitler y Eva Braun.

El hombre que entró al submarino para conectar Hamburgo con Argentina, era un doble de Hitler.

Dos meses después de la caída de Berlín, se encontró en la ciudad costera argentina de Miramar una lancha inflable del equipamiento del U-530. No obstante, no se probó que el doble haya dejado aquí el submarino. Testigos informaron que Hitler (un doble) estuvo un largo período en el hotel Viena de Miramar.

Diez días después, el submarino U-530 otra vez emergió a la superficie cerca de la entrada del puerto de Mar del Plata. Aquí, el capitán Wermuth solicitó permiso para desembarcar en el puerto. Su tripulación y él mismo se aseguraron de que nadie, antes de la llegada a Mar del Plata, hubiera salido del submarino.

Los argentinos lo creyeron.[147]

En el año 2010, varios diarios paraguayos informaron que Hitler había vivido en América del Sur durante un largo período. Varias personas afirmaron haber encontrado personalmente a Hitler en Argentina y Paraguay. Además, hay diferentes documentos militares argentinos y del FBI que prueban que Hitler estuvo en Argentina después de 1945. El gobierno de Perón estaba muy bien informado de estos hechos. Un expediente del FBI (Archivo Nr. 65-53615) menciona la llegada de Hitler a la Patagonia, en un submarino. Él tuvo que refugiarse en un rancho, en el límite de la frontera que separa Chile y Argentina.

¿Hitler estuvo realmente en América del Sur?

Las investigaciones siempre han informado que se trataba de un doble de Hitler el que fue visto en América del Sur. Los peces gordos nacionalsocialistas que organizaron la huida nunca lo tomaron en cuenta y menos aún lo tomaron por el verdadero Hitler. Este doble de Hitler vivió en la pobreza y murió en 1961.[148]

---

147. Abel Basti, *op. cit.*, pp. 152-158.
148. *Ibid.*, pp. 152-155.

Capítulo 15

Crimen de guerra

"Nuestro propósito principal es elminar el mayor número de alemanes posible. Espero eliminar cada alemán del lado oeste del río Rin así como dentro de cualquier área en la cual estamos atacando." – General Eisenhower.[149]

Si con frecuencia se habla de la "invasión de Rusia", los libros de historia cuidadosamente evitan abordar el comportamiento de las tropas soviéticas cuyos soldados actuaron como verdaderos animales.

Cientos de miles de polacos, húngaros y demás razas eslavas, escaparon hacia el oeste ante esta avalancha bárbara, en la que los judíos prefirieron seguir a los alemanes en su retirada en lugar de ser liberados por los rusos.[150] Sobre la ribera oriental del río Moldava llegaron gran cantidad de refugiados. Este río formaba una frontera convenida de donde las tropas estadounidenses y rusas, que permanecían cada una sobre su ribera, debían ponerse en camino. Aquí debía terminar el viaje de miles de refugiados.

¡Los estadounidenses impidieron a todos cruzar el río! En su libro *Acts of war Heroism* ("Actos de Heroísmo en la guerra"), se recogen las órdenes de Eisenhower a sus tropas:

"Abran fuego sobre cada refugiado o masa de refugiados que intente huir al oeste."

---

149. J. Kingsley Smith (INS) Paris, 24 de febrero 1945.
150. Elie Wiesel, *La nuit*, [París, Minuit], 1955.

Los refugiados que lograban sobrevivir, a pesar de esto, fueron clasificados por los aliados como "desertores de la patria".

General Dwight D. Eisenhower

En mayo de 1945, Eisenhower publicó en Alemania una guía para aquellos que huían, quienes a pesar de ser civiles se les dio el tratamiento de desertores de la patria, afirmando:

"Después de su identificación por los representantes de Rusia, el perseguido tendrá que ser enviado de vuelta a su país de origen sin considerar a la persona o sus deseos."

A comienzos de abril de 1945, el ejército estadounidense y el ejército francés comenzaron a eliminar a sangre fría a un millón de civiles alemanes, entre hombres mujeres niños, ancianos, la mayoría de los cuales vivían en campamentos estadounidenses para refugiados. Los refugiados sanos que permanecieron después del 8 de mayo de 1945 fueron internados por los aliados.[151] Esto no estuvo solo limitado a los infames campamentos a lo largo del río Rin; hubo campamentos de refugiados distribuidos por toda Ale-

---

151. Hasta principios de mayo de 1945, más de cinco millones de soldados alemanes estuvieron capturados en zonas estadounidenses y francesas.

mania. Los prisioneros vivían en muy malas condiciones, en jaulas de alambre de púas en las que estaban literalmente confinados hombro con hombro. Miles de cautivos vivían al aire libre en un sucio pantano lleno de enfermedades. Los estadounidenses simplemente dejaban que los prisioneros murieran de hambre. William Langer, senador de Estados Unidos, estaba abrumado por esta política de posguerra de los aliados, y escribió:

"Debido al terror impuesto por el III Reich, hemos sido atrapados en una fanática destrucción del pueblo alemán, con la que estamos dándoles una cucharada de su propia medicina."

Los depósitos de comida permanecían herméticamente cerrados para estas personas. Los ocupantes aliados intencionadamente privaban de comida y dejaban en la desolación a los alemanes, quienes padecían una muerte lenta, pero segura, en las más terribles circunstancias. ¡El castigo impuesto de inanición comenzó en 1945 y terminó en 1948! Como resultado, murieron mucho más de tres millones de cautivos alemanes. Para los aliados, el comportamiento bestial no era una excepción. Esta tragedia permaneció oculta para el mundo —no es de extrañar— en los archivos de los aliados.

El periodista canadiense James Bacque fue el primero en descubrir estas crueldades. Tres años más tarde causó revuelo en todo el mundo con su libro *Other Losses* (Otras pérdidas).[152] En este libro sostiene que Eisenhower fue el

---

152. James Bacque, *Other Losses: An Investigation into the Mass Deaths of German Prisoners at the Hands of the French and the Americans after World War II*, Toronto, [Stoddart], 1989. La edición alemana: *Der geplante Tod: Deutsche Kriegsgefangene in amerikani-*

responsable de estas crueldades cometidas. Según Bacque, Eisenhower dejó morir de hambre a los cautivos alemanes, a pesar de que había suministros de comida de sobra. Simplemente por el odio vengativo que a título personal sentía por Alemania, Eisenhower voluntariamente privó a millones de cautivos de sus derechos de alimentación y medicamentos, lo que a fin de cuentas les causó la muerte. El 4 de julio de 2004, Bacque dijo en una entrevista al diario *Junge Freiheit*:

Muy al principio de mi investigación encontré evidencia indiscutible de numerosas muertes de prisioneros en campamentos estadounidenses y franceses. Fuentes alemanas y de los aliados afirman que el número de muertes entre 1945 y 1950 alcanzaron millones. A través de la comparación de estadísticas anuales, pude demostrar que entre 1946 y 1950 al menos 5.7 millones de alemanes murieron en los campamentos. Estas estadísticas no fueron registradas oficialmente en ningún lugar. La mayoría murieron de inanición, a pesar del hecho de que había suficientes alimentos y medicinas. Esto nunca ha sido oficialmente aceptado.

Los cautivos que estaban físicamente en mejores condiciones, hacían trabajos forzados en muchos lugares, principalmente en Francia e Inglaterra. Los prisioneros en Francia lo pasaban particularmente mal. En verdaderos mercados de esclavos, los agricultores podían elegir sus sirvientes y trabajadores; se les revisaban los brazos, las piernas e incluso los dientes. Los prisioneros que se alistaban voluntariamente para la limpieza de campos minados recibían una garantía por escrito de que serían liberados después de un tiempo determinado. Pero esta

---

schen und französischen Lagern 1945-1946, Frankfurt del Meno, [Ullstein], 1989.

promesa nunca se cumplió. Después de completar este trabajo extremadamente peligroso, descubrían que sus destinos habían sido trazados de forma diferente: continuarían el trabajo pesado en minas de carbón. Agotados y desalentados, por lo general elegían como una última alternativa, unirse a la legión extranjera.

Eberhard Krehl (1915) fue soldado alemán durante la Segunda Guerra Mundial. Hace algunos años sostuve una larga conversación con el señor Krehl de la cual se arroja intersantes hechos de su cautiverio:

A nuestra llegada al campamento cerca de Cherburgo nos esperaban soldados estadounidenses que tomaron todo lo que traíamos con nosotros y lo arrojaron a una gran pila. Todo lo que teníamos, pan, provisiones, cubertería y artículos de tocador; todo nos fue quitado, excepto nuestra ropa y zapatos. Después nos dividieron en grupos de aproximadamente 100 hombres por tienda. Estas tiendas fueron levantadas con descuido y en forma apresurada sobre campos vacíos. Cada cautivo recibió una manta de lana y nada más. Teníamos que dormir sobre el terreno húmedo, sin una cubierta de colchón o piso. Había tan poco espacio que sólo se podía dormir de lado. Al día siguiente, recibíamos un desayuno que consistía en cáscaras de grano de café que no habían sido molidas, y nada que comer. El almuerzo consistía en aproximadamente medio litro de papilla salada. En la tarde nos daban unos 200 gramos de pan blanco y unos 150 gramos de pastel de carne en rebanadas y mezclado con papas. Esa era nuestra dosis diaria. Podíamos cambiar esto si decidíamos alistarnos como voluntarios para la guerra de Vietnam, pero nadie lo hizo.

En el mismo campamento cerca de Cherburgo, un buen día el prisionero Ernst Wanke de Viena se paró sobre una pequeña colina y desnudó la parte superior de su cuerpo. Su pecho estaba azul en muchos lugares y cubierto con profundas heridas. Ernst Wanke fue un comunista en cuerpo y alma. Debido a su militancia comunista, fue uno de los primeros cautivos de los nazis puestos en el campo de concentración nazi de Buchenwald. Wanke gritaba:

"¡Miren esto camaradas! Esto es lo que las Schutzstaffel (SS) hicieron conmigo en Buchenwald. Rompieron todas mis costillas. Aquí es mucho peor que en Buchenwald, allá al menos nos podíamos aliviar. Ustedes están en mucho mejor condición que la mía en Buchenwald. Así pues, ¡resistan! ¡Superaremos esto!"

Al describir algunas otras humillaciones, Wanke relata que las diversas humillaciones y el medioambiente llevan a los prisioneros al suicidio. Otros llegaron hasta el límite de su fuerza que cometieron la mínima infracción para hacerse fusilar por sus captores.

Sólo después de muchos años de haber terminado la guerra, fueron liberados los prisioneros supervivientes. En total, 3 242 000 soldados alemanes murieron en cautiverio. La pérdida total de alemanes durante, y justamente después, de la Segunda Guerra Mundial fue aproximadamente de 10 y medio millones. De estos, cerca de cuatro millones murieron durante la guerra, mientras que la gran mayoría murió durante el genocidio de las fuerzas aliadas. Más de un millón de mujeres, niños y ancianos murieron durante los bombardeos masivos.

Rheinwiesenlager Remagen con más de 350.000 prisioneros

Capítulo 16
El III Reich
Fundamento de la inminente dictadura mundial

El III Reich fue un momento crucial en la historia cuyas consecuencias aún padecemos. Gracias a Hitler los Rothschild, los Rockefeller, los DuPont, los Warburg y otros conspiradores pudieron aplicar el conjunto de una estructura política mundial. El objetivo real de esta élite, como ya se ha abordado en este libro, es crear una dictadura mundial totalitaria, maquillada bajo el nombre de "Nuevo Orden Mundial".

La expresión "Nuevo Orden Mundial" principalmente se ha utilizado miles de veces durante los últimos años por los políticos y dirigentes en el ámbito de la educación, de la industria, de los medios de comunicación e incluso de las altas finanzas.

Muchos de ellos se han jactado de este Nuevo Orden Mundial. Existe una plétora de artículos y de confesiones de personas implicadas de manera activa en un gobierno mundial. Aunque el Nuevo Orden Mundial se haya presentado como un mundo de democracia, de paz y de progreso, en verdad se trata de una dictadura mundial. El Nuevo Orden Mundial se adorna con las galas de una democracia en la que la libertad de los pueblos no es el objetivo final.

Desde que terminó la Segunda Guerra Mundial, nuestros soberanos invisibles trabajan de manera aplicada e intensiva en la destrucción del orden mundial actual, beneficiándose de un Nuevo Orden Mundial dictatorial.

En el Nuevo Orden Mundial no habrá independencia ni gobiernos, ni familias reales, ni repúblicas, estados o provincias. El poder gobernante detrás del Nuevo Orden maneja el flujo global del dinero, a los bancos centrales y a las más grandes multinacionales. Este poder determina quién gobernará a los países "democráticos", por medio del control que ejerce en la prensa y en los medios de comunicación. Al proporcionar créditos a gran escala, todos los países quedarán supeditados a él.

El plan de la fundación del Nuevo Orden Mundial será ejecutado siguiendo los siguientes pasos:

- **La creación de un Nuevo Orden Económico Internacional con una moneda mundial.**
- **La restricción de toda la influencia nacional en favor de un Gobierno Mundial Dictatorial.**
- **El control completo sobre todos los suministros de alimento a cargo de una "Autoridad Alimentaria Mundial".**
- **El control completo sobre toda materia prima y recursos naturales de petróleo y gas.**
- **La creación de un Ejército Mundial producto de la combinación del ejército estadounidense, la OTAN y todos los otros ejércitos occidentales.**
- **La creación de una red demográfica social que conecte todos los aspectos de la vida diaria a través del uso de las computadoras.**
- **El establecimiento de un "Parlamento Mundial Internacional".**
- **El establecimiento de una "Ciudad Capital Mundial".**
- **La fusión e igualdad de todas las religiones dentro de una religión humanística mundial.**
- **La instauración de un "Líder Mundial".**

Desde los ataques terroristas del 11 de septiembre de 2001, se están haciendo intentos más apresurados para implementar el Nuevo Orden Mundial a la humanidad. Por ejemplo, todas las últimas guerras, todas las leyes relacionadas con la política interior, principalmente las relativas a las restricciones de la libertad por motivos de seguridad, encuentran sus orígen en los hechos del 11 de Septiembre.

No solamente en los Estados Unidos de América, sino también en Europa, los derechos democráticos fundamentales son pisoteados cada vez más. Los nuevos acuerdos europeos tienen como consecuencia la abolición de caulquier derechos de los ciudadanos.

Estos nuevos acuerdos europeos han limitado el acceso a los documentos de la Unión Europea (UE): todas las nuevas decisiones europeas sobre la defensa y la seguridad son consideradas secretas. Estos documentos no son publicados y no pueden ser solicitados, por lo que cualquier denuncia ante un tribunal es meramente imposible.

Ya nadie puede controlar el resultado de las decisiones tomadas trás de bastidores.

La observación de la forma en que actúa la comunidad europea en su facultad de toma de decisiones refleja que está muy lejos de ser un instituto democrático. Es un hecho también que ésta transforme las reglas más fundamentales de la democracia parlamentaria.

En Europa, el poder no reside ya en el parlamento europeo, sino en las corporaciones multinacionales y en nuestros superiores invisibles.

Un pacto democrático reemplaza otro, y los miembros del parlamento europeo tienen muy poco respeto por la consternación de la población. El ex primer ministro luxemburgués y presidente de la comisión, Jean Claude Juncker, hizo esta presentación de la democracia europea respecto a sus colegas de la comunidad europea en 1999:

"Nosotros tomamos una decisión y la anunciamos; luego esperamos y vemos qué pasa. Cuando vemos que no hay ninguna resistencia porque la mayoría de la gente simplemente no entiende de lo que se trata, continuamos paso a paso, hasta que no hay punto de retorno."[153]

A puerta cerrada los aspectos importantes de la política se diseñan aislados de la mirada ciudadana.

La unificación de Europa representa una parte importante de la estrategia de la construcción de la dictadura mundial. En Europa la mayoría de las grandes decisiones así como los aspectos importantes del Tratado de Maastricht, la introducción del euro o incluso la orden de detención europea, son pocos ejemplos que nos demuestran que poco o nada se toma en cuenta la opinión de la ciudadanía al tomar estas decisiones.

La legislación europea (Tratado de Lisboa) que fue firmada por todos los políticos europeos el 13 de diciembre de 2007 en Lisboa, engendra consecuencias catastróficas para la población.

Este tratado alienta el autoritarismo en lugar de la democracia justa y de la libertad individual. Una constitución que es verdaderamente democrática protege a sus ciudadanos de las dictaduras mediante la separación de las ramas del poder y la supervisión de esas ramas de poder

---

153. *Der Spiegel*, 5 de febrero de 1999.

de manera independiente. La Constitución Europea, en cambio, estipula que las ramas de los poderes legislativo, ejecutivo y judicial deben estar ¡bajo el mismo control! Se trata de un sistema que sólo puede ser descrito como una dictadura.

La Constitución Europea organiza los asuntos de tal manera que hay un parlamento esqueleto, uno sin poder (sólo tiene un papel consultivo y de muy limitadas posibilidades para intervenir directamente), que tiene que competir con entidades ejecutivas dueñas de *todo* el poder y autoridad.

Estas entidades no sólo son las únicas que pueden iniciar una legislación, incluso pueden decidir si las leyes que ellas decretan son obedecidas correctamente o no y, a partir de ahí, asignar el castigo según se crea conveniente.

La Constitución Europea estipula que todo poder descansa en las manos del Consejo de Ministros y de la Comisión Europea. Además, hay varias organizaciones que mantienen posiciones clave, por ejemplo el Banco Central Europeo y el Tribunal de Justicia Europeo.[154]

Los planes para el Nuevo Orden Mundial están ya preparadas aguardando en los escritorios de nuestros gobiernos. En muchos países los gobiernos esperan hasta que llegue el momento oportuno para imponer estos planes a la población. Lo único que necesitan nuestros políticos es un motivo.

---

154. Hay también sin duda, algunos aspectos positivos en el tratado constitucional; lamentablemente con el propósito de maquillar el objetivo de fondo. Es un hecho que este tratado hace posible una dictadura de grandes corporaciones y grandes empresas y que a pesar de que muchos describen el tratado como "liberal", éste se burla de los derechos y las libertades individuales de los ciudadanos.

Antes de que la humanidad se dé cuenta, todos sus derechos serán relevados. Estamos a punto de perder la sociedad que siempre hemos conocido.

Los futuros inquisidores tendrán un campo de acción ilimitado que generará una abominable política de Estado.

Se prevé que la Unión Europea tendrá una corta duración.

Y como Estados Unidos, dejará de existir para dejar el lugar al Nuevo Orden Mundial.

Capítulo 17

Influencia psicológica

Los responsables de las crisis y de las guerras siempre han tenido necesidad de un pretexto y de aparentes causas cuidadosamente escenificadas para conseguir la aprobación de la ciudadanía sus operaciones militares a gran escala. La manipulación psicológica es un instrumento común e indispensable.

En la era actual de las comunicaciones rápidas, los poderes existentes emplean "consultores" especiales conocidos como "*spin doctors*": especialistas entrenados en el arte de mentir y vender las mentiras que nos imponen. ¿Una guerra en Irak, Afganistán, Siria o Ucrania? Considérelas vendidas.

Año tras año, nuestros líderes logran salir airosos con sus patrañas, ya que historicamente nos han vendido una interpretación de la realidad. Los medios de comunicación son partícipes cómplices indispensables en este fin. Es una versión de la realidad sutilmente envuelta en grises sombras (hechos y mentiras magistralmente entrelazadas).

Como regla general, las mentiras sencillas se usan cuando no hay otra opción, por ejemplo, frente a una audiencia oficial se manejan respuestas como estas:

- No recuerdo;
- Esa no era mi intención;
- No tuve la información correcta.

Cuando no hay otra opción sino admitir, ellos simplemente se disculpan diciendo algo como: "¡No debemos mirar al pasado, debemos mirar hacia adelante, hacia el futuro!" Después de lo cual continúan con maniobras turbias, como siempre.

Los "conceptos" y "mitos" son las herramientas preferidas de la mentira. Pueden durar por generaciones. Su arraigo se puede hacer tan complicado como usted quiera. Cambiando ciertos acentos, se puede influir en la orientación del grupo objetivo. Posteriormente, se puede seguir manipulándolos a través de la educación, la prensa y los políticos locales (quienes por lo general saben tan poco como nosotros).

La característica más importante de los "conceptos" y de los "mitos" es que ayudan a crear una visión mundial. Se usan para crear marcos de referencia que limitan nuestro pensamiento y así determinan nuestras vidas sin que nosotros nos demos cuenta.

Un claro ejemplo de cómo piensa el eslabón más alto, es esta nota de un consejero anónimo del expresidente Bush, que dijo lo siguiente a Ron Suskind del *New York Times*:

Tipos como yo estabamos en lo que llamaríamos una comunidad basada en la realidad, la cual se define como gente que cree que las soluciones emergen de estudios juicicios o de la realidad discernible. El mundo ya no funciona de esa manera. Estamos ahora en un imperio y cuando actuamos, creamos nuestra propia realidad. Y cuando estas estudiando esta realidad juiciosamente como tu quieres, actuaremenos nuevamente creando nuevas realidades, que puedes estudiar también y será asi como las cosas se irán dando. Somos actores de la historia y ud, y todos ustedes serán relegados solo a estudiar lo que nosotros hacemos.[155]

---

155. "Without a Doubt - Faith, Certainty and the Presidency of George W. Bush", en *The New York Times*, Nueva York, 17 de octubre de 2004.

En un solo párrafo está todo definido. En otras palabras, siempre estaremos persiguiendo los hechos, hechos que no son propios, pero que determinan nuestras vidas. Ellos actúan, nosotros estudiamos y seguimos.

¿Qué solución o campo de acción se propone a las poblaciones que quisieran cambiar esta situación de hechos?

Para comenzar es esencial aprender a ser críticos.

Desde nuestro primer día en la escuela hemos aprendido a aceptar pasivamente la información que se nos da. Aceptamos lo que nos dicen nuestros maestros (quienes a su vez han aprendido a aceptar de la misma manera lo que se les dio).

¿Hacer preguntas? ¡Mejor no! pues eso sólo hará más lentas las cosas. A los niños que hacen muchas preguntas en la escuela se les considera como una molestia. Así año tras año se moldeará tu forma de ser, de un espíritu despierto y curioso a un comportamiento completamente pacífico, conformista y sin ánimo de críticas. Dejarás de pensar independientemente.

El hacer preguntas indica que nuestro conocimiento en cierta área es limitado, lo que da a los maestros la oportunidad de reforzar la visión del mundo que ellos han aprendido. En última instancia, dejamos de hacer preguntas y jugamos nuestro rol como buenos niños y niñas que somos.

Y luego, después de llegar de la escuela es tiempo de ver televisión donde continúa el mismo proceso. La televisión influye en el comportamiento de la gente joven. Afecta la manera de pensar y vestir de la juventud, etc. Los padres de familia no tienen poder contra la fuerza bruta de la televisión. Si usted decide apagarla, sus hijos luego recibirán la misma información de sus amigos. Seamos honestos. ¿No es ésta la manera como todos hemos sido moldeados?

Actualmente los niños en Europa y Estados Unidos se encuentran entre los más incultos del mundo. Esa es la médula de la reforma educativa de nuestros "gobernantes ocultos". El sistema educativo, que alguna vez fuera académicamente exitoso, se ha transformado en uno dedicado a capacitar niños para convertirlos en recursos humanos sumisos, utilizados luego para los fines propios de nuestros "líderes". Ellos planificarán la vida por usted, y a menos de que usted cumpla con sus restricciones y regulaciones, su capacidad para seguir la carrera de su elección será severamente restringida.

Hay que subrayar que cuando una opinión expresada contradice las representaciones de la moral establecida, será considerada como la opinión de un rebelde, de un hereje o de un conspirador. En cada caso se trata de una opinión que pone en duda nuestra visión del mundo, que engendra descontento y a la cual se considera inútil dedicar la mínima reflexión.

La idea de una manipulación de masas nos molesta. Esta realidad no es admitida, y podríamos replicar: "¿Usted cree que lo sabe todo, no?" El que contradice este discurso es considerado como un individuo excéntrico e irritante, y sin desperdiciar más tiempo regresamos a nuestra vida cotidiana.

Las fuentes "oficiales", el sistema educativo y los grandes medios de comunicación que presentan "la verdad", nunca están obligadas a presentar pruebas de lo que proponen. En cambio, los "fantasiosos" que expresan opiniones diferentes deben "probar" todo lo que dicen. Y a pesar de este esfuerzo, siguen siendo ignorados y ridiculizados. De esta manera, nuestros dirigentes no tienen ningún problema para manipularnos.

Debido a la falta de seguridad y de orientación de los pueblos, así como con el poder que ejercen sobre las masas, el sistema crea su poder mediante el miedo, amparado por la democracia y el poder económico. Las características son la regularidad, la legalidad y la lógica.

¿Cuáles son las consecuencias psicológicas de esta manipulación que se ejerce desde hace varios siglos? La repetición constante de estas técnicas acarrea una creciente dependencia al sistema. Si se rechaza categóricamente esta cooperación, el sistema intentará arruinarnos. Si esto no es suficiente, no dudará en aplicar penas de prisión o reclusión en un manicomio, etcétera.

En lo que respecta a nuestra conducta: solíamos concentrarnos en cada uno. Nuestros modelos a seguir eran nuestros padres, las personas de nuestro círculo social. Ahora los medios de comunicación determinan y dominan nuestra conducta. Las películas, MTV, VH1, Entertainment, TLC entre otros, nos dan los modelos a seguir y nos muestran estilos de vida que nosotros normalmente nunca seguiríamos. ¿Consecuencias? La brecha generacional, la corrupción moral y el aislamiento.

Nuestros hijos se aíslan emocionalmente desde temprana edad. Se sienten incomprendidos. Para llamar la atención, empiezan a hacer las cosas más alocadas. ¿Qué cosas? La televisión y los medios de comunicación hacen de ello la máxima promoción: violencia, suicidio, droga, exhibicionismo, promiscuisión, etcétera.

No podemos olvidar las telenovelas que también influyen en nuestro comportamiento. El tema de las telenovelas es muy interesante. Algunas de ellas han estado al aire por cerca de 30 años. La gente conoce más sobre lo que pasa en su telenovela favorita que en sus propias vidas. Peor aún, los actores se convierten en miembros de nuestras familias (virtuales). ¿Qué nos enseñan las telenovelas? Todo el arsenal de trucos sucios que se utilizan en los conflictos sociales y familiares. Nos enseñan cómo traicionar, como engañar a la familia, al cónyuge, etc. Después de 70 años, esto ha dejado una huella clara en la sociedad. Las personas tienen un rol que desempeñar, aunque no se den cuenta: ¡Lo que el mono ve, mono imita!

En los medios de comunicación encontramos muchas opiniones contradictorias e infundadas sobre el principio de: "bueno, sí, pero no"; "claro, por supuesto"; "era o no era Osama bin Laden"; "sí a la vacuna de la gripe" "no, la vacuna de la gripe, no"; "¿las vacunas son peligrosas, o no?" Podríamos continuar con esta lista indefinidamente.

El resultado es una pérdida de puntos de referencia. Las informaciones nunca son claras a menos que se les busque conscientemente. De esta manera estamos constantemente frustrados. Este comportamiento, agregado a nuestros propios problemas, produce egoísmo e indiferencia.

Lentamente, nuestro círculo se convierte en un manicomio lleno de robots, sin voluntad propia, seres controlados en cada aspecto de su vida, que cada vez saben menos, que cada vez quieren saber menos, escuchan menos, entes condenadas al silencio y conformismo.

Si tenemos un dilema por costumbre recurriremos al consejo de las personas de nuestro entorno directo, quienes nos harán ver los pros y contras de nuestras acciones. Desde la ruptura familiar y el conflicto de padres e hijos, con la aparición del movimiento contracultural juvenil surgido en los Estados Unidos de América en la década de 1960 y caracterizado por su pacifismo y su actitud inconformista hacia las estructuras sociales vigentes, esta dinámica ha desaparecido. Los padres ya no imparten la educación, sino las personas que están entre nuestro rango de edad y las cadenas de televisión como MTV, TMF o Viva. Los padres ya no están autorizados a compartir su experiencia, no tienen ya autoridad ni sus consejos tienen cabida en sus hijos. Ellos no son *"cool"*, son "viejos", simplemente son un obstáculo social. Son demasiado básicos para utilizar computadoras y algún otro aparato tecnológico.

Las escuelas se han convertido en inmensos espacios anónimos para almacenar a los chicos. El anonimato promueve la conducta inmoral. Los padres no tienen idea de lo que sus hijos hacen y desean.

Antes de la llegada del teléfono celular, los padres sabían exactamente cuando sus hijos usaban el teléfono. Había un solo televisor en cada casa y los padres podían vigilar la conducta de sus hijos.

Hoy en día, los teléfonos celulares y redes como Facebook, Twitter, Instagram, han acelerado la ruptura. Los padres no tienen idea en qué tipo de redes se están involucrando sus hijos, con quien se están relacionando ni como terminarán. Se sienten impotentes y finalmente se vuelven indiferentes.

Inicialmente, la "brecha generacional" consistía de jóvenes entre las edades de 18 y 21, hoy en día, se ha reducido a edades de 10 a 14 años.

Debido a que la juventud se hace cada vez más difícil de controlar por sus padres y por las escuelas, el Estado tiene que intervenir.

El sistema está organizado para que los dos padres trabajen. Los padres no tienen ni el tiempo, ni la paciencia ni el dinero para educar ellos mismos a sus hijos. El conflicto de generaciones encuentra aquí un terreno fértil.

La brecha se agiganta entre padres e hijos. Los jóvenes son expuestos al adoctrinamiento del sistema (medios de comunicación y el estado).

¿Y los padres? Han perdido la confianza en sí mismos y también recurren al estado. Unas cuantas generaciones más y la idea de que la gente críe y eduque a sus hijos, será cosa del pasado.

Este engranaje de la sociedad actual no se produjo al azar. Los que controlan la sociedad han invertido los papeles en el comportamiento de la misma... ellos no dejan nada al azar.

El futuro

Nuestros superiores invisibles están preparando la total integración del hombre y la tecnología. La meta mayor es hacer que todos nos comuniquemos en línea. Facebook y Twitter son meramente las primeras etapas. Ya la escritura de textos, el envío de correos electrónicos y el uso de todo tipo de artefactos electrónicos han cobrado gran importancia. Las conversaciones normales se han vuelto raras y nuestra empatía con el vecino se va reduciendo cada vez más.

El punto en el que este proceso se haga irreversible se llama la "Gran Transición". Es decir, un orden social controlado por computadoras y aparatos tecnológicos muy avanzados. Los individuos no solo estarán controlados todo el tiempo, la "Transición" marcará el fin del derecho personal de la autodeterminación. Después de esta transición, ya no estaremos aptos para tomar nuestras decisiones más básicas, el opción individual desaparecerá.

Este proceso que se inició desde la Segunda Guerra Mundial está llegando a su fin. Estamos en un período de transición, de cambio de paradigma. Como hemos dicho, la transición no es el comienzo de una nueva sociedad con un nuevo modo de vida, sino una dictadura tecnocrática.

Dee Hock, fundador de la tarjeta Visa Credit Card Association (1968), primer gran instituto de tarjetas de crédito —la alternativa del dinero líquido—, declaró:

"Estamos en el preciso momento cuando una era de 400 años esta muriendo y otra esta esforzandose en nacer. Un cambio de la cultura la ciencia sociedad e instituciones de enorme proporciones, que el mundo no ha visto jamás."[156]

Dee Hock hace referencia al período de construcción de un sistema monetario global con un control central, y al fin de la era industrial. Estos dos importantes elementos determinan completamente nuestra existencia.

El dinero líquido representa nuestras necesidades. Refleja nuestro estilo de vida y da realce a nuestra libertad. Ésta es la encrucijada de la futura transición. Las masas son influidas para que acepten una nueva forma de pago.

Actualmente el 70% de todo el dinero en el mundo se almacena en computadoras. Nos hemos convertido completamente dependientes de las personas que controlan esas computadoras y a los flujos financieros. ¿Quién determina qué individuo ó nación recibirá el dinero digital?

---

156. M. Mitchell Waldrop, "The Trillion-Dollar Vision of Dee Hock", en *Fast Company* (Magazine), [Boston, Massachusetts], 1 de octubre de 1996.

No olvidar que el usuario y la computadora deben "ingresar" y "conectarse". Al mínimo fallo de energía el sistema colapsa, las máquinas no se encienden; ya no hay dinero, fin de la historia.

Éste no es un proceso espontáneo. ¿Quién lo controla? ¿Porqué se controla?

Pudimos haber previsto esto, pero no hicimos nada. Hemos permitido que sucediera.

De manera progresiva el dinero es suprimido para dejar libre el camino a una total dependencia a un sistema global que funciona a partir de un chip en una pequeña tarjeta plástica o en una parte del cuerpo. Dentro de muy poco su chip será la llave de acceso para todo lo que usted tiene necesidad de comprar, los alimentos, los medios de transporte, la educación, acceso a la salud, etcétera.

El período del derecho a la autodeterminación ha terminado por completo. No habrá dinero. Los términos "ricos" y "pobres" serán relativos en la medida en que todos seremos dependientes de este sistema digital financiero.

Cada comportamiento sospechoso será grabado. El sistema lo clasificará como no tolerable: acceso denegado. La policía no lo buscará, por el contrario, usted irá a ella, y ésta le informará que usted está "desconectado". Usted no tiene ninguna elección: los medios de transporte público rechazarán su entrada, el supermercado le cerrará las puertas, incluso su tarjeta será bloqueada. Usted no tendrá medios de subsistencia. Es por esto que los medios de comunicación presentan, el chip, como una tecnología de punta de gran progreso y aporte tecnológico.

Usted buscará apoyo en la familia y los amigos, pero las

actividades económicas de ellos, así como las de usted mismo, serán completamente grabadas y controlodas. Su status ilegal provocará sospechas. Lo único que podrá obtener de su familia es un aventón a la estación de policía. ¡No podrá confiar en nadie!

El III Reich regresa en todas sus características. Por ejemplo, en Holanda se hace un llamado a las unidades médicas móviles de muerte asistida para los pacientes que califiquen para la eutanasia, pero que los médicos no están dispuestos a practicar. La ministra de Salud holandesa, Edith Schippers, sugirió aplicar la eutanasia no solamente a los pacientes sin esperanza de cura, sino también en el caso en pacientes con problemas de salud mental o incapacidad para solicitar la eutanasia a causa de demencia.[157] El Estado incluso quiere extender la práctica de la eutanasia a las personas que sufren trastornos psiquiátricos crónicos, como la enfermedad de Alzheimer o estados de demencia, así como a las personas que consideran haber "cumplido" su vida. Las nuevas directivas tomarán en cuenta factores tales como los ingresos o la vida social del paciente.[158]

---

157. La eutanasia practicada por el estado se llama "Quietus". Desde 2001 la eutanasia es legal en Holanda, en los casos en los que los pacientes sufren dolores insoportables debidos a una enfermedad sin esperanza de cura. Está disponible en la mayoría de los hospitales. La eutanasia en Holanda se efectúa regularmente administrando un sedante que provoca un coma, seguido de un medicamento para detener la respiración y provocar la muerte. Los pacientes que desean recurrir a la eutanasia deben convencer a dos médicos de que su elección es consciente debido a sufrimientos intolerables.

158. *Sovereing Independent,* 5ª ed., 2012.

En repetidas ocasiones, el gobierno holandés ha declarado que la eutanasia no se realiza sino a petición explícita del paciente. Estas son afirmaciones inciertas. Cada año en Holanda se realizan más de 4000 muertes debido a la eutanasia sin el consentimiento del paciente. Horrorizados por esta política, miles de personas llevan consigo una carta antieutanasia.

En lo que se refiere al respeto a la vida, la profesión médica holandesa deja mucho que desear. Su practis puede considerarse vergonzosa y contraria al juramento hipo-crático. Los médicos holandeses matan cada año, después de su nacimiento, a decenas de bebés con deficiencias, justificandolo con el argumento de que una vida de "mala calidad" no debe ser vivida.[159]

En un país tan básico y plano como Holanda, no hay montaña de la que Moisés pueda bajar para arreglar las cosas. Lo que está sucediendo en el mundo recuerda al III Reich. Hemos llegado al mismo nivel que los alemanes durante la Segunda Guerra Mundial.

En todos los países hay hornos de incineración. Esta vez, todo está legalizado. ¿Hemos aprendido algo del III Reich? Parece que no. Durante el tiempo que duró la Segunda Guerra Mundial, 5 años fueron suficientes para matar a millones de personas. Con los medios y avances tecno-lógicos así como los medios modernos de transportación, se podría obtener el mismo resultado en una semana.[160] No olvidemos además que estamos dentro de lo legal.

---

159. Royal Dutch Medical Association, Amsterdam, 2011.
160. En Holanda, mientras que dos hornos son suficientes para para la incineración de basura, la tercera instalación entró en funciones cerca de la ciudad de Harlingen.

Vemos cómo ha evolucionado la sociedad; si no nos cuidamos, ya no habrá más libertad ni para los pueblos ni para los individuos.

Los conservadores llamarán al Nuevo Orden Mundial como socialismo o comunismo, los liberales, fascismo. No tendrá ninguna importancia la etiqueta que se elija. ¡Será un archipiélago de gulags a escala mundial!

El poder dominante detrás del Nuevo Orden Mundial dirige actualmente el flujo monetario mundial, los bancos centrales y las más grandes multinacionales. Por el control de los medios de comunicación, ellos deciden quién debe dirigir a los países "democráticos". Utilizando los créditos del Fondo Monetario Internacional, casi todos los países son dependientes.

Los gobiernos que quieren mantenerse independientes, serán aniquilados por medio de la violencia: sus representantes serán humillados, deberán afrontar la propaganda calumniosa de sus adversarios, sanciones económicas y la violencia de las armas. En el Nuevo Orden Mundial no habrá más independencia ni ningún gobierno ni ninguna dinastía real y ninguna república, estado o provincia.

El mayor error que los no iniciados cometen es *dejar que las cosas pasen*. No asumimos ninguna responsabilidad. Recuerde la introducción del euro. En la mayoría de los países los ciudadanos europeos nunca fueron consultados. No hubo ningún referéndum. Este procedimiento es muy lógico: el que planea un golpe de Estado no prevé ningún referéndum.

El acuerdo de la Constitución Europea constituye la aplicación de una dictadura orquestada por las más grandes multinacionales y los grupos financieros que acometerán contra la libertad individual. Este escenario ya ha sido implantado con nuestro consentimiento.

Nos hemos convertido en una raza de criaturas programadas dispuestas a creer y hacer todo lo que el sistema político, los medios de comunicación y las escuelas nos dice que hagamos. Estas tres instituciones no sólo controlan y ejercen influencia en los individuos, sino que fácilmente pueden efectuar cambios en todas las relaciones existentes en la política, la sociedad, la moral y la vida familiar. ¡No hay escapatoria!

Lentamente la gente está aprendiendo a renunciar al pensamiento independiente y a hablar de acuerdo con la postura de ideas de nuestros superiores invisibles.

Parecemos un grupo de turistas que siguen dócilmente a su guía en un territorio desconocido. Un guía que nos dirige donde sus "amigos" a conseguir "souvenirs", y demás baratijas. Se gana una comisión y prevé sutilmente que nuestros bolsillos se vacíen. Al final del tour, nos quedamos sin un quinto pero felices.

En un mundo de caos y desinformación ¿cómo podemos saber verdaderamente lo que es el Nuevo Orden Mundial? Donde nos creemos incapaces de caer en los engaños de "verdades a medias" ¿cómo podremos realmente saber la agenda pendiente de las corporaciones y líderes mundiales?

¿Cuál es el arma más poderosa que un ser humano podría poseer? Sin lugar a dudas nuestro conocimiento, y en este caso en particular, el conocimiento verdadero sobre el Nuevo Orden Mundial. Entender la historia correctamente y el desarrollo del Nuevo Orden Mundial es la mejor arma de protección contra las "verdades a medias" y falsos dogmas que son actualmente el Padre Nuestro de cada día, difundidos deliberadamente por los seudo gurus del

Nuevo Orden Mundial.

Durante los últimos 10 años ha habido entre la población un significativo incremento de conciencia sobre este asunto. Parte de ésto como una consecuencia de los ataques del 11 septiembre de 2001 que sacaron del anonimato a cientos de individuos y grupos defensores de la "libertad de información".

Cientos de libros sobre el Nuevo Orden Mundial dictatorial han sido publicados. Lamentablemente, la mayoría de estos libros se traslapan entre sí y muchos autores se desvian a la fantasía. Además tenemos que añadir que muchos de éstos textos, así como información en el internet, han sido publicados deliberadamente para los obsesionadas con las teorías de conspiración. Debido a esto, existe un creciente aumento de errores y desinformación sobre la verdadera naturaleza de éste orden.

Lo peor de todo este caos informativo, es que hay grupos y prominentes líderes que están atizando el despertar de las masas para formar parte consciente de la agenda. Se acerca la peor crisis de la historia humana: el fin de la libertad individual y de los pueblos No nos hemos dado cuenta porque estamos demasiado ocupados ganando el dinero para sobrevivir, atorados en los congestionamientos, viendo la televisión y partidos de fútbol. Nuestro control remoto nos hace sentir como dioses.

Es necesario que empecemos a mover nuestro cerebro rápidamente, de lo contrario será demasiado tarde. Ha llegado la hora que necesitamos olvidarnos del sofá, la cerveza y el WI FI. Si no actuamos ya terminaremos en una versión moderna de la edad media.

APÉNDICE

Los participantes en la operación testamento

Los principales actores en el supuesto suicidio de Hitler

- Adolfo Hitler.
- Joseph Goebbels, Reichsminister (ministro del Reich).
- Martin Bormann, Reichsleiter (jefe de la Cancillería del Reich).
- Artur Axmann, Reichsjugendfürer (jefe de la Oficina Social de la Dirección de las Juventudes Hitlerianas del III Reich).
- Ludwig Stumpfegger, SS-Obersturmbannführer.
- Wilhelm Mohnke, SS Brigadeführer.
- Heinrich Müller, jefe de la Gestapo.

Los colaboradores

- Heinz Linge, SS-Sturmbannführer, mayordomo personal de Hitler.
- Otto Günsche, SS-Standartenführer.
- Erich Kempka, SS-Obersturmbannführer, chofer de Hitler.
- Rochus Misch, SS Oberscharführer.
- Johann Rattenhuber, SS-Brigadeführer.
- Las secretarias.
- Varios dobles.

El personal relacionado con los cuidados dentales

- Doctor Helmut Kunz, médico de las SS.
- Käthe Hausermann, asistente dental.
- Fritz Echtmann, técnico dental.

Los exploradores del búnker en la península Schwanenwerder

- Nicolaus von Below, SS-Obersturmbannführer.
- Heinz Matthiesing, SS-Sturmbannführer.

La escolta de Hitler hasta el Spree

- Willi Johannmeier, SS-Obersturmbannführer.
- Wilhelm Zander, SS-Obersturmbannführer.
- Heinz Lorenz, SS-Obersturmbannführer.
- Peter Hummerich, SS-Obersturmbannführer.

La escolta de Hitler hasta la península Schwanenwerder

- Bernd von Freytag-Loringhoven, SS-Obersturmbannführer.
- Gerhardt Boldt, SS-Rittmeister.
- Hans Weiss, SS-Obersturmbannführer.
- U-Boot 794 - WK202
- El capitán Philipp Becker y tres miembros de la tripulación.

El hidroavión hasta el Gran Müggelsee

- Hanna Reitsch.

Del Gran Müggelsee hasta Barcelona

- Hugh Verity, Orden del Servicio Distinguido (DSO) y Cruz de Vuelo Distinguido (DFC).
- Ian Fleming.
- Caroline Saunders, quien se convertirá en la primera mujer en dirigir el MI6.

Testigos que no estuvieron informados

- Harry Mengershausen, SS-Obersturmbannführer (teniente coronel de las SS).
- Hans Hofbeck, SS-Oberscharführer (sargento mayor de las SS).
- Hermann Karnau, SS-Unterführer (suboficial de las SS).
- Erich Mansfeld, SS-Hauptscharführer (suboficial superior de las SS).
- Franz Schädle, SS-Obersturmbannführer (teniente coronel de las SS).

Presentes todos los días

- Johannes Hentschel (técnico encargado de la ventilación).
- Rochus Misch, SS-Oberscharführer (sargento mayor de las SS).
- Albert Bormann, Gruppenführer (teniente general), hermano de Martin Bormann.
- Erich Kempka, SS-Obersturmbannführer, chofer de Hitler.
- Werner Naumann, SS-Reichsführer (general mariscal de campo, comandante en jefe de las SS).

Servicio de Seguridad del Reich (RSD) y la guardia SS

- Johann Rattenhuber, Haupt Reichssicherheitsdienst SS-Brigadeführer.
- Harry Mengershausen, SS-Obersturmbannführer.
- Hans Hofbeck, SS-Oberscharführer.
- Hermann Karnau, SS-Unterführer.
- Erich Mansfeld, SS-Hauptscharführer.
- Franz Schädle, SS-Obersturmbannführer.
- Un gran número de guardias cuyos nombres se desconocen.

Habitantes permanentes en el búnker del Führer

- Adolfo Hitler.
- Eva Braun.
- Paul Joseph Goebbels, Reichsminister, su esposa y sus seis hijos.
- Heinz Linge, SS-Sturmbannführer (Mayordomo de Hitler).
- Constanze Manziarly, cocinera personal de Hitler.
- Doctor Ludwig Stumpfegger y la enfermera Erna Flegel.
- Gerda Christian, Gertrud Junge, Christa Schröder, Johanna Wolf, secretarias de Hitler.
- Else Krüger, secretaria de Martin Bormann.

Visitantes frecuentes del búnker

- Wilhelm Burgdorf, general.
- Hans Krebs, SS-Brigadeführer.
- Helmuth Weidling, general.
- Hans-Erich Voss, vicealmirante.
- Hans Baur, SS-Obersturmbannführer.
- Wilhelm Zander, SS-Standartenführer.

Comunicado

Durante mi larga estancia en Gran Canaria y Fuerteventura, conocí personalmente a muchos ex nazis. Uno de nuestros vecinos era un ex-piloto del *Messerschmitt Me109* de la Luftwaffe (fuerzas aéreas), quien siempre contaba las apasionantes aventuras que había vivido en su avión, un *Messersmitt Bf109*.

Me fascinaban sus historias sobre la Segunda Guerra Mundial. Yo tenía una ávida curiosidad por todo lo relacionado con esta guerra. Conocía las historias de primera fuente.... mis abuelos, mi padre, quien logró escapar de un campo de concentración en Polonia.

Cuando nuestro vecino alemán me preguntó si yo tenía tiempo para enseñar español a su esposa, acepté gustoso. Poco a poco conocí a otros alemanes que también querían aprender español. Uno de ellos, un hombrecito insignificante y repugnante con una pierna rígida y un tatuaje de la SS. También quería clases de español, sin embargo, lo rechacé. En total di clases a cuatro alemanes. Más tarde me enteré que un conocido de estos cuatro personajes, afirmaba haber conocido personalmente a Hitler. Una noche, en la que habíamos bebido mucho vino, el hombre que decía haber conocido a Hitler, con muchos tragos de mas, repetía haber sido uno de los últimos en haberlo visto vivo. Ante mis preguntas sobre la muerte de Hitler, su reacción fue más bien misteriosa. Más tarde me di cuenta que se trataba de Artur Axmann, el ex-jefe de las Juventudes Hitlerianas del III Reich. Él había invertido mucho dinero en una instalación turística en Gran Canaria pero, como en el caso de numerosos inversionistas extranjeros, los locales lo habían estafado y escapado con el dinero. El proyecto fracasó y en 1976 regresó a Alemania.

Tuve numerosas conversaciones con Artur Axmann y sus amigos. Éstos afirmaron en repetidas ocasiones que Hitler no se había suicidado. Afirmaba que vio cómo Hitler abandonó el búnker.

Diferentes testimonios de Axmann y de sus amigos se retomaron en este libro, cuya traducción al alemán se basa en un manuscrito en español y en holandés autorizado por un servidor (Stand 2008).

En defensa del editor, me declaro totalmente responsable del texto y del contenido de este libro.

Robin de Ruiter

Fuentes citadas

Adler, H.G., *Theresienstadt. 1941-1945. Das Antlitz einer Zwangsgemeinschaft, Geschichte Soziologie Psychologie*, Tubinga, [Mohr], 1955.

Arendt, Hanna, *Eichmann in Jerusalem – Ein Bericht von der Banalität des Bösen*, Múnich, [Piper], 1965 / [*Eichman en Jerusalén – Un estudio sobre la banalidad del mal*, trad. Carlos Ribalta, Barcelona, Lumen, 1967].

Aretz, Emil, *Hexen-einmal-eins einer Lüge*, Pähl, [Verlag bei Franz von Bebenburg], 1970.

Avnery, Uri, *Israel ohne Zionisten: Plädoyer für eine neue Staatsidee*, Gütersloh, [Bertelsmann], 1969 / [*Israel sin sionistas: un alegato por la paz en Medio Oriente*, trad. Sara y Hugo Tobal, Buenos Aires, Ediciones de la Flor, 1970].

Bacque, James, *Other Losses: An Investigation into the Mass Deaths of German Prisoners at the Hands of the French and the Americans after World War II*, Toronto, [Stoddart], 1989. / *Der geplante Tod: Deutsche Kriegsgefangene in amerikanischen und französischen Lagern 1945-1946*, Frankfurt del Meno, [Ullstein], 1989.

Barkai, Avraham, *Vom Boykott zur "Entjudung": der wirtschaftliche Existenzkampf der Juden im Dritten Reich, 1933-1943*, Frankfurt del Meno, Fischer, 1988.

Basti, Abel, *El Exilio de Hitler: las pruebas de la fuga del Führer a la Argentina*, Buenos Aires, [Sudamericana], 2010. / [Basti, Abel, Jan van Helsing, Stefan Erdmann], *Hitler überlebte in Argentinien*, Fichtenau, [Amadeus-Verl], 2011.

Bauer, Yehuda, *Freikauf von Juden?:Verhandlungen zwischen dem nationalsozialistischen Deutxhland und jüdischen Repräsentanten von 1933 bis 1945*, Frankfurt del Meno, [JüdischerVerlag], 1996.

Bernays, Edward, *Propaganda*, Nueva York, Horace Liveright, 1928 [*Propaganda*, Barcelona, Melusina, 2008].

Bezymenski, Lev, *Po sledam Martina Bormanna*, Moscú, 1964.

Black, Edwin, *The Transfer Agreement – The untold Story of the Secret Agreement between the Third Reich and Jewish Palestine*, Nueva York, [Macmillan], 1984.

------, *IBM and the Holocaust: The Strategic Alliance Between Nazi Germany and America's Most Powerful Corporation*, Nueva York, Crown Publishers, 2001 / [*IBM y el holocausto: la alianza estratégica entre la Alemania Nazi y la más poderosa corporación norteamericana*, trad. Rolando Costa Picazo, Buenos Aires/México, Atlántida, 2001].

Braun, Otto Rudolf, *Hinter den Kulissen des Dritten Reiches:geheim Gesellschaften machen Weltpolitik*, [Markt Erlbach, R Martin], 1987.

Burg, J.C., *Schuld und Schicksal; Europas Juden zwischen Henkern und Heuchlern*, [Oldendorf Schütz, Preussisch, Oldemburg, 1972.

Byrnes, James F., *Speaking Frankly*, Nueva York, [Harper], 1947.

Coleman, John, *The Tavistock Institute of Human Relations: Shaping the Moral, Spiritual, Cultural, Political and Economic Decline of the United States of America*, [Carson City, Nevada, Joseph Holding], Londres, 2005.

Colvin, Ian, *Chief of Intelligence: Admiral Wilhelm Canaris*, Londres, [V. Gollancz], 1951.

Creighton, Christopher, *Operation James Bond. Das letzte große Geheimnis des Zweiten Weltkriegs*, [Düsseldorf], Econ, 1996.

Chaussy, Ulrich, *Nachbar Hitler : Führerkult und Heimatzerstörung am Obersalzberg*, Berlin, [Links], 2012.

Dempsey, Bernhard W., *Interest and Usury*, Londres, [Dennis Dobson], 1948.

Deutscher, Isaak, *Die ungelöise Judenfrage: zur Dialektik von Antisemitismus und Zionismus*, Berlin, [Rotbuch], 1977.

Douglas, Gregory, *Geheimakte Gestapo-Müller: Dokumente und Zeugnisse aus den US-Geheimarchiven*, [Berg am Stanberger See], Druffel, 1995.

Dowling, Bridget Elisabeth, *The Memoirs of Bridget Hitler*, [Londres], Duckworth, 1979.

--------, [Bridget Elizabeth Dowling Hitler], *My Brother-in-Law Adolf*, Nueva York, 1941.

Eggert,Wolfgang, *Im Namen Gottes*, vol. 3, Múnich, 2001 [*Israels Geheim-Vatikn als Volllstrecker biblischer Prophetie: Im Namen Gottes*, vol. 3, Múnich, Beheim-Propheten!-Verlag, 2001].

Encyclopédie universelle du judaïsme (versión alemana) (Vol. n°. 8), 1942.

Engdahl, F. William, *A Century of War: Anglo-American Oil Politics and the New World Order*, [Londres, Pluto Press, 2004] /*Mit der Ölwaffe zur Weltmacht: Der Weg zur Neuen Weltordnung*, Wiesbaden, Böttiger, 1993 [Rottenburg, Kopp, 2006] / *Pétrole, une guerre d'un siècle: l'ordre mondial anglo-américain*, París, Godefroy, 2007.

Estrada, Jenny, *Die schwarze Liste der US-Regierung : verschwiegene Tragödien: deutsche, italienische und japanische Opfer in Ecuador und anderen lateinamerikanischen Ländern*, Enschede, [Mayra Publications], 2009.

Feilchenfeld, Werner, Dolf Michaelis, Ludwig Pinner, *Haavara-Transfer nach Palëstina und Einwanderung deutscher Juden 1933-1939*, Leo Baeck Institus n°26, Tubinga, [Mohr], 1972.

Frank, Hans, *Im Angesicht des Galgen: Deutung Hitlers und seiner Zeit auf Grund eigener Erlebnisse und Erkentnisse: geschrieben im Nürnberger Justizgefängnis*, [Múnich-Gräfelfing] Gräfelfing, [F.A. Beck], 1953.

Fröhling, Ulla, *Vater unser in der Hölle: ein Tatsachenbericht*, [Seelze-Velber, Kallmeyer], Hamburgo, 1996.

Giladi, Naeim, *Ben-Gurion's Scandals: How the Haganah and the Mossad eliminated Jews*, Tempe, Arizona, [Dandelion Books, 2ª ed.], 2003.

Goldman, Nahum, *Staatsmann ohne Staat Autobiographie*, [Köln]/Berlín, [Kiepenher- Witsch], 1970.

Griffin, Des, *Die Absteiger: Planet der Sklaven?*, [Wiesbaden, VAP, 1981 1a ed.], 1989.

-------, *Wer regiert die Welt?:Im Anhang die Protokolle der Weltiktatur "Das neue Testament Satans"*, [Leongberg, Verlag Diagnosen, 1986].

Hallet, Greg, *Hitler was a British Agent*, Auckland [Nueva Zelanda], [FNZ], 2006.

Huber, Michaela, *Multple Persönlichkeiten Überlebende extremer Gewalt: ein Handbuch*, Frankfurt del Meno, [Fischer-Taschenbuch-Verl], 1995.

Irving, David, *Die geheimen Tagehücher des Dr. Morell –Leibarzt Adolf Hitlers*, Múnich, [Goldmann], 1983.

Kellerhoff, Sven Felix, *Mythos Führerbunker: Hitlers letzter Unterschlupf*, Berlín, [Giebel], 2003.

Kholer, Pauline, *I was the Hitler's Maid*, [Londres, J. Long], 1940 / [*Yo fui camarera de Hitler, relatada por una doncella de su servicio*, trad. Miguel Davidson, Buenos Aires, Mackern, 1940].

Krockow, Christian, Graf von: *Hitler und seine Deutschen*, Múnich, [List], 2001.

Langer, Walter C., *The mind of Adolf Hitler; the secret wartime report*, Nueva York, Basics Books, 1972.

Manning, Paul, *Martin Bormann, Nazi in Exile*, Nueva York, [Secaucus, Nueva Jersey, Lyle Stuart], 1981.

Maiski, Ivan, *Wer half Hitler?*, Wuppertal, [Rüggeberg], 1992.

Maser, Werner, *Adolf Hitler - Das Ende der Führerlegende*, Rastatt, [Moewig], 1985.

Meiser, Hans, *Gescheiterte Friedensinitiativen 1939-1945*, Tubinga, [Grabert], 2004.

McCarthy, Tony, *Irish Roots*, n° 1, 1992, 1er trimestre, *Hitler: His irish Relatives*.

Misch, Rochus, *Der letzte Zeuge – Ich war Hitlers telefonist, Kurier und Leibwächter* [Múnich], Pendo Verlag, 2008.

Nicosia, Francis R., *Hitler und der Zionismus: das 3 Reich und die Palästina-Frage 1933-1939*, Leoni am Starnberger See, [Druffel-Verlag, 1989], 1990.

Peters, Sven, *Hitler Flucht: geheime Reichssache*, [Marktoberdorf], Argo Verlag, 2009.

Protsch, Dieter H.B., *Be All You Can Be: From a Hitler Youth in WWII to a US Army Green Beret*, [Victoria, B.C., Canadá, Trattford], Londres, 2004.

Reitsch, Hanna, *Fliegen – mein Leben*, Stuttgart, [Deutsche Verlags-Anstalt], 1951 / Berlín, [Herbig], 1979. / [*Volar fue mi vida*, trad. Wilhelm Rudolf Klöckner, Valladolid, Galland Books, [20--].

Roberts, Glyn, *The Most Powerful Man in the World;the life of Sir Henri Deterding*, Nueva York, Covici-Friede, 1938 [*Sir Deterding, el hombre más poderoso del mundo*, trad. C. Siralceta, Buenos Aires, Claridad, 1944].

Rockefeller, David, *Memoirs*, Toronto/Nueva York, [Random House], 2003 / [*Memorias: historia de una vida excepcional*, trad. Miguel Hernández Sola, Barcelona, Planeta, 2004].

Rüggeberg, Dieter, "Anmerkungen und Ergänzungen" en Ivan Maiski, *Wer half Hitler?*, Wuppertal, Rüggeberg, 1992.

-------, *Geheimpolitik*, Wuppertal, Rüggerber 1997/2010.

-------, *Geheimpolitik 3: Wer half Hitler?*, Wuppertal, Rüggerber, 2010/2012.

Ruiter, Robin de, *La venidera transición mundial - Causa de muchas desgracias humanas*, México, 1995.

-------, *Anticristo - El poder detrás del Nuevo Orden Mundial*, México, 1999.

-------, O **Anticristo: Poder oculto detrás da Nova Ordem Mundial, São Paulo, 2005.**

-------, *Die 13 satanischen Blutlien – Das Ende der Freiheit der Völker nähert sich*, Durach, Schmid, 2009.

-------, *Die kommende Transition – Der globale Zusammenbruch des gegenwärtingen Weltsystems steht unmittelbar bevor*, Enschede, 2009.

-------, *Les 13 lignées sataniques – la cause de la misère et du mal sur Terre*, Guayaquil, 2012.

Schenck, Ernst Günther, *Patient Hitler - Eine medizinische Biographie*, Düsseldorf, [Droste], 1989.

Scott-Smith, Giles, *The Politics of apolitical Culture: The Congress for Cultural Freedom, the CIA and Post-war American Hegemony*, Londres, [Routledge], 2002.

-------, *Networks of Empire: The U.S. State Department's Foreign Leader Program in the Netherlands, France and Britain 1950-1970*, Bruselas, [Peter Lang], 2008.

Smith, Barry, *Final Notice*, Melbourne, 1980. [Marlborough, Nueva Zelanda, Barry Smith Family Evangelism, 1989].

Ségev, Tom, *Die Siebte Million: der Holocaust und Israels Politik der Erinnerung*, Reinbek bei Hamburg, [Rowohlt], 1995.

Sutton, Anthony C., *Wall Street and the Rise of Hitler*, [Seal Beach, California, '76 Press, 1a ed. 1976] / 1999.

Thomas, Hugh, *Doppelgängers: The Truth about the Bodies in the Berlin Bunker*, [Londres], Fourth Estate, 1995.

-------, The *Murder of Adolf Hitler: The Truth About the Bodies in the Berlin Bunker*, Nueva York, [St. Martins'Press], 1996.

Trevor-Roper, Hugh R., *Hitler letzte Tage*, [Zúrich, Herder & Co, 1946], Londres, 1947 / [*Los últimos días de Hitler*, trad. Eduardo de Guzmán, Barcelona, José Janés, 1947].

Ullrich, Viktor, *Reichshauptstadt Berlin 3. 1941-1945*, Kiel, [Arndt], 2010.

Vermeeren, Marc, *De jeugd van Hitler, 1889-1907: en zijn familie en voorouders*, Soesterberg, [Aspekt], 2007.

Vinogradov, V., J. Pogonyi y N. Teptzov, *Hitler's Death: Russia's Last Great Secret from the Files of the KGB*, Londres, [Chaucer], 2005.

Weckert, Ingrid, *Feuerzeichen: die "Reichskristallnacht": Anstifter und Brandstifter, Opfer und Nutzniesser*, Tubinga, [Grabert], 1989.

Wiesel, Elie, *La nuit*, París, Minuit, 1955.

Zeep-LaRouche, Helga (ed.), Schiller Institute, *The Hitler Book*, Nueva York, New Benjamin Franklin House, 1984.

Publicaciones periódicas

Berchtesgadener Anzeig, Berchtesgadener, Alemania, octubre de 2008.

De Telegraaf, Ámsterdam, Holanda, agosto de 2010.

Der Spiegel, Hamburgo, Alemania, febrero de 1999.

El Universo, Guayaquil, Ecuador, julio de 1942.

Frankfurter Allgemeine Sonntagszeitung, Frankfurt del Meno, Alemania, octubre de 2007.

Indiana Evening Gazette, Indiana, Pensilvania, Estados Unidos, mayo de 1948.

Junge Freiheit, Berlín, Alemania, Julio de 2004.

Long Beach Press-Telegram, California, Estados Unidos, enero de 1949.

Neue Zürcher Zeitung, Zúrich, Suiza, junio de 1932.

Neue Zürcher Zeitung, Zúrich, Suiza, octubre de 1998.

Neues Deutschland, Berlín, Alemania, septiembre de 1945.

Nexus [versión alemana], n°42, 2012

Oakland Tribune, Oakland, California, Estados Unidos, mayo de 1948.

San José Mercury, San José, California, Estados Unidos, febrero de 1987.

The Globe and Mail, Toronto, Canadá, mayo de 1945.

The Independent, Londres, Reino Unido, septiembre de 2013.

The Times, Londres, Reino Unido, septiembre de 1938.

Time Magazine, Nueva York, mayo de 1945.

Vrij Nederland, Holanda, diciembre de 1978.

Winnipeg Free Press, Winnipeg, Manitoba, Canadá, mayo de 1946.

Arnaiz-Villena, Antonio, "The Origin of Palestinians and their Genetic Relatedness with other Mediterranean Populations", en *Human Inmunology*, Ámsterdam, Elsevier, 2001, vol. 62, n° 9, pp. 889-900.

Borger, Julian, "The lost secrets of Hitler's final hours", *The Guardian*, Londres, 28 de julio de 2001.

Cowan, Howard, "Kesselring Most Surprised Hitler Remained in Berlin", en *The Hamilton Spectator*, Hamilton, Ontario, Canadá, 10 de mayo de 1945.

"Dentist says Russians have Hitler's Jaw", en *Oakland Tribune*, Oakland, California, 6 de mayo de 1948.

Hanisch, Reinhold, "I was Hitler' Buddy", en *The New Republic*, Washington, D.C., 5 de abril de 1939.

Lutze, Kay, "Von Liegnitz nach New York: Die Lebensgeschichte des jüdischen Zahnarztes Fedor Brück (1895-1982) ", en *Zahnärztliche Mitteilungen Online*, Berlín, n° 10, 16 de mayo de 2006.

Marchetti, D. "The Death of Adolf Hitler –Forensic Aspects", en *Journal of Forensic Sciences*, septiembre de 2005.

McCardell, Lee, "Assert Hitler Almost Normal On February 15", en *The Hamilton Spectator*, Hamilton, Ontario, Canadá, 7 de mayo de 1945.

Smith, Giordan, "Fabricating the Death of Adolf Hitler", *Nexus*, Australia, Vol. 15, nº 1, diciembre de 2007 y enero de 2008.

"Text of British Report Holding Hitler Ended His Life", *The New York Times*, Nueva York, 1 de noviembre de 1945.

Waldrop, M. Mitchell, "The Trillion-Dollar Vision of Dee Hock", en *Fast Company* (Magazine), Boston, Massachusetts, 1 de octubre de 1996.

Suskind, Ron, "Without a Doubt - Faith, Certainty and the Presidency of George W. Bush", en *The New York Times*, Nueva York, 17 de octubre de 2004.

Otras fuentes

Archivos Nacionales y Administración de Documentos (NARA) de los Estados Unidos (National Archives and Records Administration), Washington, D.C. MU 13-75-96: 16.

Boletín meteorológico, Berlín, 30 de abril de 1945.

Comunicación telefónica con Rochus Misch, 2006.

Comunicación personal con Elijah Wald, hijo de George Wald, 5 de julio de 2007.

Conversaciones entre el autor y Artur Axmann, Las Palmas, 1975

"Eyewitness to Martin Bormann's Escape from Europe. Nazi Hunter British Coronel Ian Bell" [Video de Youtube, 3:33, 19 de noviembre de 2008.

Lagebericht (Bitácora), de mayo-junio de 1934.

IMT, 32, 243, Document 3358-PS. Publicación del Ministro de Asuntos Exteriores publicado el 25 de enero de 1939. Nuremberg document 3358-PS. International Military   Tribunal, *Trial of the Major War Criminals Before the International Military Tribunal* (Nuremberg: 1947-1949), vol. 32, pp. 242-243. *Nazi Conspiracy and Aggression* (Washington, DC: 1946-1948), vol. 6, pp. 92-93.

Instituto Internacional de Historia Social (Internationales Institut für Geschichte), Ámsterdam, 6 de junio de 2009.

Pravda TV, 31 de diciembre de 2012.

Public Record Office (PRO), Londres, Reino Unido, expediente HS 6/624, julio de 1998.

[Public Record Office (PRO), Londres, Reino Unido] Special Operation Executive (SOE) compuesto por la Section D, un grupo de sabotaje del departamento de M16, MI-R, una sección del informativo del departamento de guerra y Elektra House, un departamento secreto del Ministerio de Relaciones Exteriores.

Royal Dutch Medical Association, Holanda, 2011.

Sovereign Independent, 5ª ed., 2012.

Targets, octubre de 2000.

Targets, 1er trimestre de 2005.

Testimonio de Anneke B., una antigua conocida neerlandesa del autor.

United State Senate, Hearings before a Subcommittee of the Committee on Military Affairs, Scientific and Technical Mobilization, 78th Congress, Second Session, Part 16, Washington D.C., Government Printing Office, 1994.

United States Forces in the European Theater: Military Intelligence Service Center, Final Interrogation Report n° 31 (O1-FIR n° 31), *Hitler's Teeth*, 5 de febrero de 1946. Una copia de este documento se encuentra en colección personal de William Russell Philip, Archivos del Instituto Hoover, Universidad de Stanford, Stanford, California.

Whitworth, Ferguson, *U.S. Strategic Bombing Survey, AEG-Ostlandwerke GmbH*, 31 de mayo de 1945.

Acerca del autor

Robin de Ruiter es uno de los autores holandeses más traducidos. Sus libros se encuentran en muchos países. El autor ha recibido reconocimientos internacionalmente por su capacidad excepcional de explorar. Posee un entendimiento inigualable de la geopolítica y un bagaje intelectual excepcional, basado en conocimiento fáctico. Sus vínculos internacionales directos y su conocimiento de muchos idiomas le han dado acceso a fuentes de información sin precedentes.

El autor escribe la mayoría de sus libros en español. Sus publicaciones son particularmente excepcionales porque muestran una visión clara y sin prejuicios.

De Ruiter nació en Enschede (Holanda) el 6 de marzo de 1951, en donde pasó la mayor parte de su adolescencia. Muy joven se mudó con sus padres a España, donde estudió teología, historia y español, entre otros. En la actualidad lleva una vida de retiro en Ecuador.

El autor se ha ganado un nombre en Latinoamérica y en Europa. Su libro *El poder oculto detrás de los ataques terroristas del 11 de septiembre de 2001* le ha otorgado mayor éxito y presencia a nivel mundial. A pesar de que el libro fue prohibido en Francia, en Holanda obtuvo el Premio Frontier en el año 2005.

Otras publicaciones de Robin de Ruiter

Inglés

- *Worldwide Evil and Misery: The Legacy of the 13 Satanic Bloodlines*, (Special hardcover with the original manuscript), Enschede 2008.
- *Worldwide Evil and Misery: The Legacy of the 13 Satanic Bloodlines*, Michigan, 2011.
- *Unveiled: The Protocols of the Learned Elders of Zion*, Michigan, 2012.
- *The 13 Satanic Bloodlines: Paving the Road to Hell*, Charleston, 2015.

Portugés

- *Anticristo: Poder oculto por trás da Nova Ordem Mundial*, São Paulo, 2005.
- *Poder oculto por trás dos Testemunhas de Jeová*, São Paulo, 2006.

Serbo

- *Tribunal za bivšu Jugoslaviju: Slobodan Milošević, Ko je ubio Slobodana Miloševića i zašto?* Beograd, 2013.
- *Razotkriveni protokoli sionskih mudraca - Dodatak: Protokoli skupova sionskih mudraca.* Beograd, 2013.
- *Svetsko Zlo I Beda - Nasleđe 13 Dinastija Iluminata*, Beograd, 2013.

Italiano

- *11 Settembre 2001, Il Reichstag di Bush*, Verona, 2003.
- *Yugoslavia, Prima Vittima del Nuovo Ordine Mondiale*, Verona, 2003.
- *Osama bin Laden Eroe o Marionetta della CIA?* Milano, 2007.

Polaco

- *Świadkowie Jehowy wobec polityky USA syjonizmu i wolnomularstwa*, Kraków, 2007.
- *Globalna Skaza - Spadek Trzynastu Iluminackich Dymastii*, Wroclaw, 2013.

Francés

- *Le livre jaune No. 7: Les 13 lignées sataniques*, Nice, 2004.
- *Les 13 lignées sataniques: La cause de la misère et du mal sur Terre*, Guayaquil, 2012.
- *Les 13 lignées sataniques: Les Illuminati et les Protocoles des Sages de Sion*, Guayaquil, 2013.
- *Témoins de Jéhovah - Les missionnaires de Satan*, Paris, 2013.
- *Hitler n'est pas mort à Berlin - Comment les services secrets britanniques l'ont aidé à quitter l'Allemagne*, Guayaquil, 2015.

Checo

- *11. zárí 2001, Usama bin Ladin, George W. Bush a skrytá moc v pozadi*, Prag, 2005.
- *Satanovi potomci, prúkopníci antikrista*, Prag, 2005.
- *BSE: Nemoc šílených krav a likvidace zemědělství: Osud nebo záměrně vytvořené zlo?*, Prag, 2005.
- *Haagský tribunál: Zavražděná nevina Slobodana Miloševiče*, Prag, 2008.
- *Třináct satanských pokrevních dynastií - Konec svobody národů se blíží 2. díl*, Prag, 2012.

Croata

- *Svjetsko zlo i patnja - Naslijede 13 loza iluminata*, Zagreb, 2014.

Macedonia

- Суд за поранешна Југославија, Слободан Милоше-виќ, кој загина на Слободан Милошевиќ и зошто?
- Светското зло и беда. Наследството на 13 династии на илуминатите.

Español

- *Preparando el camino para el Anticristo*, Chihuahua, 1989.
- *¡Precaución! ... Testigos de Jehová*, Chihuahua, 1991.
- *El Poder detrás de los testigos de Jehová*, Chihuahua, 1994.
- *La Venidera Transición Mundial: Causa de muchas desgracias humanas*, Mexico 1994.
- *Detrás de la sonrisa de los testigos de Jehová*, México, 1999.
- *El poder oculto de los testigos de Jehová*, México, 2000.
- *El poder oculto detrás de los testigos de Jehová*, México, 2002.
- *El 11 de Septiembre del 2001: Mito y Mentiras - El poder detrás de Osama bin Laden y George W. Bush*, Españã, Iberamérica, 2004.
- *El Anticristo 1: Poder oculto detrás del Nuevo Orden Mundial*, México, 2002.
- *El Anticristo 2: El fin de la libertad de los pueblos se acerca*, México, 2005.
- *El Anticristo 3: Conspiración contra Dios*, México, 2011.
- *El Anticristo 4: Salvación*, Guayaquil, 2015.
- *Adolf Hitler no se suicidó: Crónica de su fuga con la ayuda del Servicio de Inteligencia Británico*, Guayaquil, 2015.
- *Osama bin Laden - Mitos y mentiras*, Guayaquil, 2016.
- *Cuatrilogía: Los 13 linajes satánicas - Preparando el camino para el Anticristo*, Guayaquil, 2016.

Holandés

- *De verborgen macht achter de Jehovah's getuigen,* Hoornaar, 2001.

- *George W. Bush en de Mythe van al-Qaeda: De verborgen macht achter de terroristische aan-slagen van 11 september 2001,* Enschede, 2005.

- *Het Joegoslavië Tribunaal: De vermoorde onschuld van Slobodan Milosevic - Wie vermoordde Slobodan Milosevic en waarom?* Enschede, 2006.

- *Wegbereiders van de Antichrist,* Enschede, 2006.

- *Ontsluierd: De Protocollen van de Wijzen van Sion,* Enschede, 2007.

- *De 13 Satanische Bloedlijnen: De oorzaak van veel ellende en kwaad op aarde,* Guayaquil, 2008.

- *Adolf Hitlers vlucht uit Berlijn met ondersteuning van de Britse inlichtingendienst,* Enschede, 2011.

- *Trilogie: De 13 Satanische Bloedlijnen,* Enschede, 2011.

Turco

- *13 Seytani kan bagi: Illuminati hanedanligi,* Istanbul, 2005.

Alemán

- *Die geheime Macht hinter den Zeugen Jehovas,* Durach, 1995.

- *Die 13 Satanischen Blutlinien* (Band 1) *Die Ursache vielen Elends und Übels auf Erden,* Durach, 1999.

- *BSE, Der Rinderwahnsinn und die Vernichtung der Landwirtschaf: Schicksal oder hausgemachtes Übel?* Durach, 2001.

- *Der 11. September 2001, Osama bin Laden und die okkulten Kräfte hinter den terroristischen Anschlägen auf die USA,* Durach, 2002

- *NATO Eingreiftruppe des Großkapitals: Die kolonisierung Jugoslawiens*, Durach, 2003

- *Die Köder des Satanskultes: Die Musikindustrie, Hollywood und Illuminati-Gedanken-kontrolle*, Durach, 2004.

- *Der 11. September 2001: Der Reichstag des George W. Bush*, Frankfurt, 2004.

- *The Watchtower Society: Die Zeugen Jehovas zwischen US-Politik, Zionismus und Freimaurerei*, Durach, 2006.

- *Die 13 Satanischen Blutlinien*, Band 2, Durach, 2008.

- *Die kommende Transition - Der globale Zusammenbruch des gegenwärtigen Weltsystems steht unmittelbar bevor*, Enschede, 2011.

- *Adolf Hitler: Chronik seiner Flucht aus Berlin mit Hilfe des Britischen Geheimdienstes*, Guayaquil, 2012.

- *Quadrilogie: Die 13 satanischen Blutlinien*, Guayaquil 2016.

- *2018: Das Ende des Bargelds?- Das Ende der Freiheit der Völker nähert sich*, Guayaquil 2015.

- *Wer ermordete Slobodan Milosevic... und warum?*, Guayaquil, 2016.

Ebooks

Español

- *13 Linajes Satánicos - Causa de muchas desgracias humanas*, Guayaquil, 2010.
- *El Anticristo 3*, México, 2011.

- *¿En busca de Dios? - Dos tipos de conocimientos; porqué Dios no puede ser encontrado*, Guayaquil, 2012.

- *Adolf Hitler no se suicidó: Crónica de su fuga con la ayuda del servicio de inteligencia británico*, Guayaquil, 2015.

Holandés

- *De 13 Satanische Bloedlijnen: De oorzaak van veel ellende en kwaad op aarde*, Enschede, 2011.
- *De komst van de transitie - Het einde van ons individueel zelfbeschikkingsrecht?*, Enschede, 2011.
- *Adolf Hitler: Kroniek van Hitlers vlucht uit Berlijn met ondersteuning van de Britse inlichtingendienst*, Guayaquil, 2011.

Alemán

- *Die 13 Satanischen Blutlinien*, Enschede, 2011.
- *Wer ermordete Slobodan Milosevic... und warum?*, Guayaquil, 2011.
- *Auf der Suche nach Gott? - Zwei Arten des Wissens warum Gott unauffindbar ist*, Guayaquil, 2012.
- *Adolf Hitler: Chronik seiner Flucht aus Berlin mit Hilfe des Britischen Geheimdienstes*, Guayaquil, 2012.

Francés

- *Les 13 lignées sataniques: La cause de la misère et du mal sur Terre*, Guayaquil, 2012.
- *Les 13 lignées sataniques: Les Illuminati et les Protocoles des Sages de Sion*, Guayaquil, 2013.
- *Témoins de Jéhovah - Les missionnaires de Satan*, Paris, 2013.
- *Hitler n'est pas mort à Berlin - Comment les services secrets britanniques l'ont aidé à quitter l'Allemagne*, Guayaquil, 2014.

Inglés

- *Worldwide Evil and Misery - The Legacy of the 13 Satanic Bloodlines*, Michigan, 2011.
- *Unveiled: The Protocols of the Learned Elders of Zion*, Michigan, 2011.
- *Looking for God? Two kinds of knowledge, why God cannot be found*, Guayaquil, 2012.

EL ANTICRISTO 1

Poder oculto detrás del Nuevo Orden Mundial

Robin de Ruiter
ISBN: 978-970-612-469-2
Ediciones Paulinas (México)

EL ANTICRISTO 2

El fin de la libertad de los pueblos se acerca

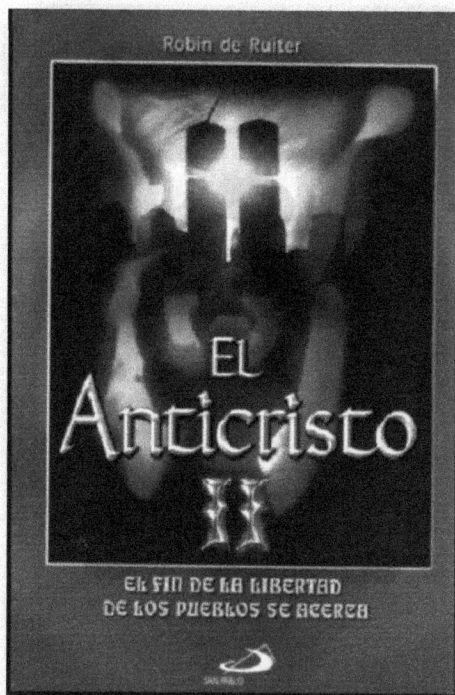

Robin de Ruiter
ISBN: 970-612-545-0
Ediciones Paulinas (México)

EL ANTICRISTO 3

Conspiración contra Dios

Robin de Ruiter
ISBN: 978-607-7648-90-1
Ediciones Paulinas (México)

OSAMA BIN LADEN
Mitos y mentiras
El poder oculto detrás de los atentados del 11 de septiembre 2001

Robin de Ruiter
ISBN: 978-90-79680-56-6
Mayra Publications

LA VENIDERA
TRANSICIÓN MUNDIAL

Causa de muchas desgracias humanas

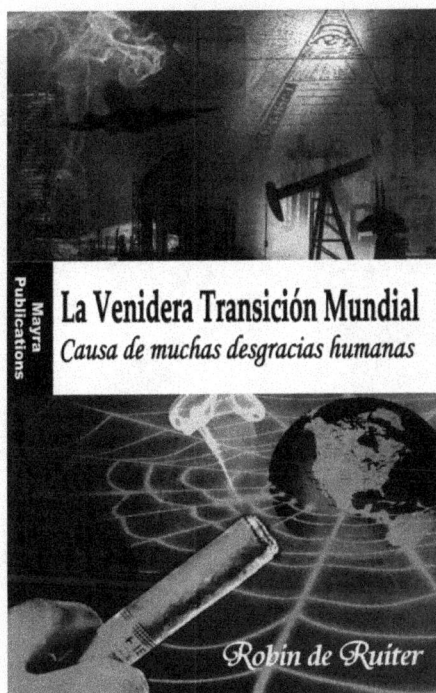

Robin de Ruiter
ISBN: 978-90-79680-09-2
Mayra Publications

El poder oculto detrás de los Testigos de Jehová

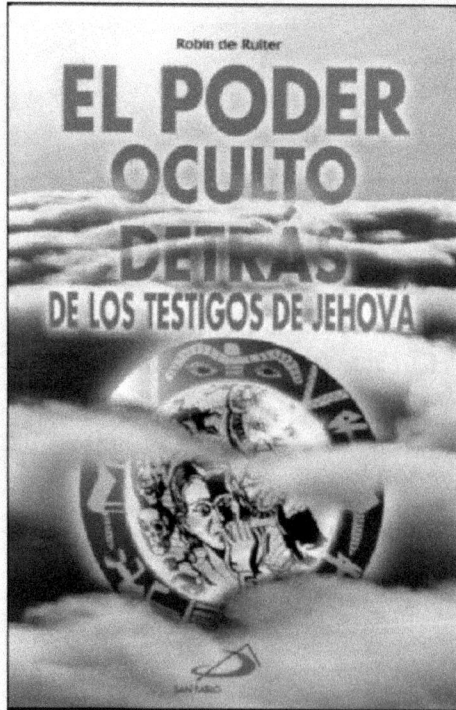

Robin de Ruiter
ISBN: 970-612-393-8
Ediciones Paulinas (México)

LOS 13 LINAJES SATÁNICOS

Preparando el camino para el Anticristo

Robin de Ruiter
ISBN: 978-90-79680-55-9
Mayra Publications